Gina Righi-Spanfellner

# Schlank mit Vollwertkost

*Einfach abnehmen und schlank bleiben*

*Mit köstlichen Rezepten und vielen ermunternden Tips*

GU

Gräfe und Unzer

Umschlagfotos
Vorderseite: Oben links Bauernsalat, Rezept Seite 75; oben rechts Fünfkorngemüse auf Brunnenkressesauce, Rezept Seite 49; unten links Spinatquiche mit Tomatensauce, Rezepte Seite 32 und 54; unten rechts Überbackenes Tofuschnitzel und Kopfsalat mit Sauerampfersauce, Rezepte Seite 42 und 60.
2. Umschlagseite: Die bunte Kartoffelpfanne ist ein unkomplizierter Genuß für alle, die es herzhaft mögen. Rezept Seite 51.
Rückseite: Oben links Hirsepfannkuchen mit Sauerkirschquark, Rezept Seite 77; oben rechts Gurke mit Buchweizenfüllung und Endiviensalat, Rezepte Seite 85 und 61; unten links Feiner Obstsalat, Rezept Seite 67; unten rechts Gefüllte Windbeutel, Rezept Seite 99.

CIP-Kurztitelaufnahme der Deutschen Bibliothek

Righi-Spanfellner, Gina:
Schlank mit Vollwertkost: einfach abnehmen und schlank bleiben; mit köstlichen Rezepten und vielen ermunternden Tips / Gina Righi-Spanfellner. – 1. Aufl. – München: Gräfe u. Unzer, 1990
(GU-Vollwert-Kochbuch) (Naturgemäß leben)

ISBN 3-7742-4673-4

1. Auflage 1990


Redaktion: Antje Schunka-Späth
Herstellung: Monika Gerretz
Farbfotos: Susi und Pete A. Eising
Zeichnungen: Gerlind Bruhn
Umschlaggestaltung: Heinz Kraxenberger
Satz und Druck: Appl, Wemding
Reproduktion: Brockmann GmbH
Bindung: Sellier, Freising

ISBN 3-7742-4673-4

**Gina Righi-Spanfellner**
ist staatlich anerkannte Diätassistentin. Als Ernährungsberaterin führt sie seit vielen Jahren mit großem Erfolg individuell erarbeitete Reduktionsdiäten durch. In Kursen über Vollwerternährung, Reduktionskost und allgemeine Ernährungslehre an der Volkshochschule München, vor allem aber im eigenen Institut für Kosmetik und Ernährungsberatung gibt sie ihre Erfahrungen weiter. Ihr Ziel ist es, Menschen, die abnehmen und schlank bleiben wollen, zu dauerhaftem Erfolg zu verhelfen.

**Wichtiger Hinweis**
Kaufen Sie möglichst nur gereinigtes Getreide. Denn Schmutz und Unkrautsamen (vor allem Samen der giftigen Kornrade) dürfen nicht enthalten sein. Das gleiche gilt auch für das heute wieder häufiger auftretende Mutterkorn, das vor allem den Roggen befällt. Es ist ein deutlich erkennbares, schwärzliches und meist stark vergrößertes Korn. In größeren Mengen verzehrt (etwa 5 bis 10 g) ruft es lebensgefährliche Vergiftungserscheinungen hervor. Die Gefahr ist allerdings relativ gering, wenn Sie, wie empfohlen, gereinigtes Getreide kaufen.
Weder die Schoten noch die Samen von Hülsenfrüchten dürfen roh verzehrt werden, da erst durch ausreichendes Garen das darin enthaltene natürliche Gift, das Phasin, das ungünstig auf den Eiweißstoffwechsel wirkt, unschädlich gemacht wird. Dieses Gift wird beim Keimen nur teilweise abgebaut; auch Sojabohnenkeimlinge sollten daher nicht zu oft und grundsätzlich kurz erhitzt/blanchiert verzehrt werden.

# Inhalt

# Inhalt



*Alle Rezepte sind, wenn nicht anders angegeben, für 1 Person berechnet.*

# Ein Wort zuvor

Sie möchten auf gesunde Weise abnehmen und - das ist ganz wichtig - auf Dauer schlank bleiben? Dann haben Sie das richtige Buch in der Hand! Die moderne Vollwertküche macht es möglich, auch bei verminderter Kalorienzufuhr abwechslungsreich, ausgewogen und gut zu essen.

Aus meiner langjährigen beruflichen Erfahrung mit kalorienreduzierter vollwertiger Ernährung habe ich in diesem neuen »Kleinen Vollwert-Kochbuch« viele praktische Ratschläge und meine reizvollsten Rezepte versammelt: für Frühstücke, die fit machen, für feine Mittagsmahlzeiten, für Zwischenmahlzeiten am Vor- und Nachmittag, für leichte wohlschmeckende Abendessen sowie für Brot und Gebäck.

Alle Hauptmahlzeiten in Kombination mit der richtigen Zwischenmahlzeit für Vor- und Nachmittag können beliebig gewählt werden. Die Summe ergibt stets 1200 Kalorien pro Tag - Voraussetzung für eine langanhaltende Gewichtsreduktion bei ausgewogener Nährstoffzusammensetzung.

Vielleicht haben Sie schon mit anderen Methoden versucht, Ihr Gewicht zu reduzieren? Vielleicht sind Sie nicht satt geworden oder die Speisen waren zu einseitig, die Zubereitung zu aufwendig? Lauter Gründe, die auf längere Sicht keine erfolgreiche Gewichtsabnahme versprechen und die vom ernährungsphysiologischen Standpunkt nicht zu befürworten sind.

Wenn Sie gesund abnehmen wollen, sollten Sie es unbedingt mit Vollwertkost probieren. Sie bietet mit vielseitigen Gerichten aus Getreide, Milch- und Sojaprodukten, Salat, Gemüse und Obst einen reichen Spielraum für die längerfristige Ernährungsumstellung. Mangelernährung oder Entgleisung des Stoffwechsels sind dabei ausgeschlossen.

»Einsteiger« erfahren zunächst, wie vorteilhaft die vollwertige Kost sich auf das gesamte Wohlbefinden auswirkt. Mit Rat und ermunternden Tips zeige ich Ihnen dann, wie einfach es ist, das Eßverhalten positiv zu verändern, und wie Sie auch im Berufsalltag eine ausgewogene, unkomplizierte Reduktionskost einhalten können.

Daß alles köstlich schmeckt und leicht gelingt, darauf habe ich bei meinen gründlich getesteten Rezepten besonders geachtet. Wissenswertes über nützliche Geräte und Küchentechnik, informative Zeichnungen und eine »Kleine Vollwert-Warenkunde« helfen Ihnen dabei. Für den Anfang finden Sie außerdem einen 3-Tages- und einen Wochenspeiseplan als Beispiele.

Nach diesem System können Sie dann ganz leicht aus den Rezepten dieses Buches Ihren individuellen Speisezettel planen und werden täglich etwa 1200 Kalorien zu sich nehmen.

Um eine ausgeglichene Nährstoffzufuhr (Eiweiß, Fett, Kohlenhydrate, Vitamine, Mineral- und Ballaststoffe) nach den neuesten ernährungswissenschaftlichen Erkenntnissen sicherzustellen, ist es nötig, daß Sie mehrere kleine Mahlzeiten über den Tag verteilen. Daher finden Sie bei den Rezepten fürs Frühstück und das Mittagessen die jeweils dazugehörenden Zwischenmahlzeiten und Beilagen. Diese Kombinationen sollten Sie nicht verändern.

Die meisten Rezepte sind für 1 Portion berechnet. Sie lassen sich aber problemlos vervielfältigen, damit Sie nach Wunsch die Familie oder Gäste mit einbeziehen können.

Wie abwechslungsreich und köstlich kalorienreduzierte Vollwertgerichte sein können, zeigen Ihnen die brillanten Farbfotos, alle eigens für dieses Buch fotografiert. Schritt-für-Schritt-Fotos helfen bei komplizierteren Arbeitsgängen.

Ich bin überzeugt, daß es Ihnen mit meinen Ratschlägen und Rezeptideen gelingen wird, schlank zu werden und Ihr Wunschgewicht über lange Zeit zu halten. Ich wünsche Ihnen dabei viel Spaß und Erfolg!

*Ihre Gina Righi-Spanfellner*

# Schlank werden auf gesunde Art

## Die Vorzüge der Vollwerternährung

Vom ernährungsphysiologischen Standpunkt aus bezeichnen wir eine Ernährung als vollwertig, wenn sie so natürlich wie möglich ist. Das bedeutet, wir sollen die Nahrungsmittel möglichst unbearbeitet und in der naturbelassenen Form verzehren, damit ihre Wertstoffe unserem Organismus möglichst unvermindert zugute kommen. Es bedeutet aber auch, daß wir Nahrungsmittel, die durch ihre Be- oder Verarbeitung »denaturiert« sind und nur noch Energie (Joule/Kalorien) liefern, möglichst meiden. Rohkost sollte also in Ihrem täglichen Speiseplan einen bevorzugten Platz haben. Wie vielfältig die Möglichkeiten sind, werden Sie schon beim Durchblättern der Rezepte dieses Kochbuches feststellen.

Doch nicht alle Nahrungsmittel können wir roh genießen.

Bei einigen ist schonendes Garen notwendig, damit sie verdaulich und somit bekömmlich werden. Kartoffeln, Bohnen und Hülsenfrüchte dürfen nicht roh gegessen werden, da die enthaltene Stärke erst durch den Garprozeß für unseren Körper verdaulich wird und außerdem vorhandene Bläh- und Gärstoffe beim Kochen entweichen. Achten Sie aber bei Nahrungsmitteln, die vor dem Verzehr gegart werden müssen, auf möglichst schonende Zubereitung:

- Nur frische Zutaten verwenden.
- Erst kurz vor dem Garen waschen und zerkleinern.
- Nicht im Wasser liegen lassen.
- Die Speisen in einem gut schließenden und wärmeleitenden Topf garen.
- Die Temperatur so niedrig wie möglich wählen.
- Erst nach der halben Garzeit salzen.
- Gemüse nicht zu weich dünsten.
- Die Speisen nicht zu lange warm halten und nach Möglichkeit nicht aufwärmen.

Wie schon erwähnt, gibt es Nahrungsmittel und Produkte, die nicht in die Vollwertküche gehören. Versuchen Sie, diese zu meiden oder am Anfang wenigstens zu reduzieren. Wenn Sie erst einmal probiert haben, wie vorzüglich vollwertige Speisen schmecken, wie viel aromatischer alles ist, wird Ihnen das »Umsteigen« ganz leicht fallen.

Zu den in der Vollwertküche nicht zu empfehlenden Nahrungsmitteln und Produkten gehören Zucker, weißes Mehl, Salz, Eier und natürlich Konserven.

Der isolierte Zucker ist ein reiner Kalorienträger und Dickmacher. Bei seiner Verbrennung wird dem Körper das wichtige Nervenvitamin $B_1$ entzogen. Der Verzehr von Zucker bewirkt eine Steigerung des Blutzuckerspiegels, dem der Körper durch eine vermehrte Ausschüttung des Hormons Insulin entgegenwirkt. Dabei wird ein unerwünschtes Hungergefühl hervorgerufen.

Das weiße Mehl ist ein reiner Kohlenhydratträger. Es enthält keine Ballaststoffe, Vitamine und Mineralien, liefert aber mehr Kalorien als die gleiche Menge Vollkornmehl. Bei Weißmehlprodukten essen Sie wesentlich mehr, weil Sie diese kürzer kauen und es somit länger dauert, bis Sie satt sind.

Salz sollten Sie sehr sparsam verwenden, da jedes Lebensmittel schon einen gewissen Natriumgehalt hat. Salz verfälscht auch den Eigengeschmack der Speisen. Es bindet in unserem Körper Wasser und fördert dadurch Übergewicht und Bluthochdruck.

Eier sollten auf Grund ihres hohen Eiweiß-, Fett- und Cholesteringehalts äußerst sparsam verzehrt werden. Streichen Sie also das regelmäßige Frühstücksei vom Speiseplan. Da in vielen Speisen Eier als Lockerungs- und Bindemittel enthalten sind, wird unser Eiweißbedarf bereits zum Teil auf diese Weise gedeckt.

# Schlank werden auf gesunde Art

## So essen Sie das Richtige

Die Vollwerternährung setzt sich vorwiegend aus frischem Getreide, Milch- und Sojaprodukten, Obst und Gemüse zusammen. Fleisch und Fisch haben dabei einen untergeordneten Stellenwert, deshalb sind sie in diesem Kochbuch nicht vertreten.
Als Wichtigstes empfehle ich Ihnen, etwa 60% der täglichen Nahrung in Form von Frischkost zu essen.
Je frischer ein Nahrungsmittel ist, umso wertvoller und vitalstoffreicher ist es für unseren Organismus. Achten Sie deshalb bei Ihrem Einkauf darauf, nur Gemüse und Obstsorten zu kaufen, die gerade Saison haben und möglichst in unserer Region gewachsen sind. Lange Transportwege und Lagerung führen zu unvermeidlichen Vitamin- und Mineralstoffverlusten. Außerdem ist unser Organismus nicht auf die Verdauung fremdländischer Nahrungserzeugnisse ausgerichtet und er würde dadurch nur unnötig belastet werden.
Vollgetreide spielt in unserer Ernährung eine besonders große Rolle, da das volle Getreidekorn alle lebensnotwendigen (essentiellen) Bestandteile enthält. Die Fruchtschalen bestehen aus wertvollen Mineralstoffen, Vitaminen (hauptsächlich der Vitamin-B-Gruppe) und Ballaststoffen. Der Mehlkörper enthält Stärke und Eiweiß, der Keimling Vitamine, Mineralstoffe, Eiweiß und hochwertige Fette. Der herzhafte, nußartige Geschmack der verschiedenen Getreidearten ermöglicht eine Vielzahl köstlicher Zubereitungen.
Milchprodukte sind für uns wichtige tierische Eiweißträger. Sie sind leicht verdaulich und bekömmlich. Bevorzugt sollten außerdem Sojaprodukte in unserer Ernährung ihren Platz haben. Sie bieten uns hochwertiges pflanzliches Eiweiß, enthalten kein Cholesterin und wenig Kalorien.
Nicht zuletzt sorgen Obst und Gemüse mit vielen Vitaminen, Mineral- und Ballaststoffen für eine abwechslungsreiche Ernährung.
Ergänzen können wir diese Grundnahrungsmittel vollwertiger Ernährung durch frische Kräuter und Gewürze, die zusätzlich Vitamine und Mineralstoffe bieten und vielfältige Geschmacksvarianten erlauben. Milchsaure Produkte wie zum Beispiel Sauerkraut und andere Gemüsesorten, selbst eingelegt oder frisch gekauft, liefern zusätzlich Vitamin C, schmecken gut und sind zudem kalorienarm.
Mit diesen Nahrungsmitteln in phantasievoller Kombination läßt sich die Vollwertküche schmackhaft und vielseitig gestalten.
Kurz zusammengefaßt: In der Vollwerternährung wird unser Eiweißbedarf überwiegend aus pflanzlichen Nahrungsmitteln gedeckt. Dieses Eiweiß ist im Gegensatz zum tierischen (Fleisch und Fisch) leichter verdaulich und bekömmlicher. Es enthält viele essentielle Aminosäuren (Eiweißbausteine), die die Zellerneuerung in unserem Organismus fördern.
Als Fette werden Butter, Sahne und hochwertige Öle verwendet. Die für die Zubereitung notwendigen kaltgepreßten Öle bestehen überwiegend aus ungesättigten Fettsäuren (Linol- und

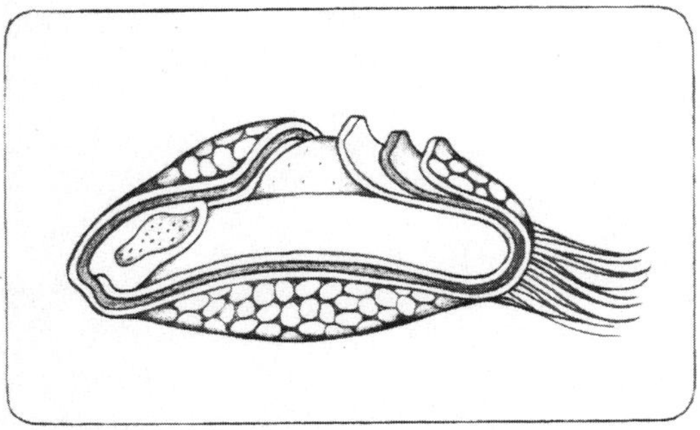

Querschnitt durch ein vollwertiges Weizenkorn. Die meisten Inhaltsstoffe befinden sich in den Randschichten und im fetthaltigen Keim (links).

Linolensäure). Diese besitzen einen hohen Anteil an Vitaminen und sind für unseren Körper leicht aufspaltbar und somit gut verträglich.
Zum Braten sollten Sie nur Öle verwenden, die für höhere Temperaturen geeignet sind (wenig Wasseranteile), zum Beispiel kaltgepreßtes Sonnenblumenöl.
Der Bedarf an Kohlenhydraten wird überwiegend durch den Verzehr von Vollgetreide, Obst und Gemüse gedeckt. Die Randschichten des Getreidekorns enthalten die wichtigsten Ballaststoffe, die für eine geregelte Verdauung sorgen und eine langanhaltende Sättigung bewirken.
Mit frischem Obst und Gemüse wird unser täglicher Bedarf an Vitaminen und Mineralstoffen gedeckt. Die darin enthaltenen Zellulose (Ballaststoffe) bietet ebenfalls einen hohen Sättigungswert und fördert die Verdauung.
Wenn Sie Ihre Kost nach meinen Empfehlungen umstellen, werden Sie schon bald bemerken, wie gut es Ihnen bekommt, wie viel besser Sie sich fühlen. Doch nicht nur das - auch vielen ernährungsbedingten Erkrankungen wie Übergewicht, Cholesterinspiegelerhöhung und Bluthochdruck kann dadurch auf natürliche Weise vorgebeugt werden.

## Wie Sie mit Vollwertkost abnehmen und schlank bleiben

Die Vollwerternährung stellt das allgemeine Wohlbefinden und eine Entschlackung des Körpers in den Vordergrund. Eine gezielte Gewichtsreduzierung können Sie bei dieser Ernährungsweise noch nicht unbedingt erwarten. Diese erreichen Sie nur durch genaue Berechnung der Brennwerte (Kalorien/Joule) und der Nährwerte (Eiweiß, Fett, Kohlenhydrate). Bei allen Rezepten in diesem Buch finden Sie daher Angaben über Joule (kJ), Kalorien (kcal), Eiweiß, Fett, Kohlenhydrate, außerdem Ballaststoffe und Cholesterin.
Kalorienreiche Nahrungsmittel wie Honig, Sahne, Nüsse und Trockenfrüchte habe ich verständlicherweise nur sparsam eingesetzt.
Mit Süßstoff können Sie zwar auch Kalorien/Joule einsparen, jedoch würde ich Ihnen von einem uneingeschränkten Gebrauch abraten. Durch die Gewöhnung an den sehr süßen Geschmack von künstlichem Süßstoff sind Sie nie in der Lage, ganz auf ein Süßungsmittel zu verzichten und unterliegen ständig der Versuchung, Süßspeisen, Desserts und Kuchen zu sich zu nehmen. Besser ist es, wenn Sie sich übermäßig süße Speisen abgewöhnen. Das gelingt Ihnen schneller, wenn Sie Süßstoff und Honig, wo immer es geht, meiden und den natürlichen fruchtigen Geschmack der jeweiligen Zutaten in den Vordergrund stellen. Daß weißer Haushaltszucker nicht in die Vollwertküche gehört, haben Sie schon auf Seite 6 gelesen.
Neben einer Verminderung der Kalorien beziehungsweise Joule ist es auch sehr wichtig, Nahrungsmittel mit einem hohen Anteil an Ballaststoffen zu verzehren. Diese Bestandteile der Lebensmittel galten früher in der Ernährung als unnötiger »Ballast«. Heute wissen wir, daß sie sehr wichtig sind. Ballaststoffe liefern nur wenig verwertbare Energie, benötigen zu ihrer Verbrennung zusätzlich Kalorien, und sie sind für eine »Ausbürstung« des Darms erforderlich. Deshalb sollten Sie stets darauf achten, genügend Ballaststoffe in Form von Vollgetreide, Obst und Gemüse zu sich zu nehmen.
Die im Handel angebotene Kleie verwenden Sie nur in Ausnahmefällen. Es handelt sich hierbei um isolierte Ballaststoffe, die industriell erzeugt werden und denen die zusätzlichen Wertstoffe des vollen Getreidekorns fehlen.
Die gewünschte Wirkung der Ballaststoffe erreichen Sie, wenn Sie genügend Flüssigkeit zu

sich nehmen. Trinken Sie täglich etwa 2 Liter verschiedener Teesorten und Mineralwässer, dann wird der Darm ständig durchspült, die Ballaststoffe können quellen und dadurch wird ihr langanhaltender Sättigungswert ausgenutzt. Essen Sie auch mehrmals kleine Portionen am Tag, dann findet eine Verbrennung im Körper öfter statt, das heißt Kalorien werden vermehrt verbraucht. Nicht zuletzt wird durch den kürzeren Abstand zwischen den Mahlzeiten das starke Hungergefühl vermieden.
Um eine langanhaltende Gewichtsverminderung zu erzielen, ist es ratsam, daß Sie eine Kost mit etwa 1200 Kalorien (5025 Joule) pro Tag zu sich nehmen. Gemeint sind natürlich immer Kilokalorien beziehungsweise Kilojoule. Eine Kostform mit weniger Kalorien würde den Körper zu stark belasten und Konzentrations- sowie Kreislaufstörungen nach sich ziehen. Im nachfolgenden Rezeptteil habe ich die Nährwerte so berechnet, daß sich alle Hauptmahlzeiten des Tages miteinander kombinieren lassen. Es bleibt dabei Ihrem Geschmack überlassen, mit welchem Frühstücksvorschlag Sie den Tag beginnen, welche Mittagsmahlzeit Sie dazu kombinieren und welchen Abendessensvorschlag Sie auswählen.
Wichtig ist, daß Sie die notwendigen richtigen Zwischenmahlzeiten einhalten, die speziell bei jedem Frühstück für den Vormittag und bei jedem Mittagessen für den Nachmittag genannt werden. Das gleiche gilt für die angegebenen Beilagen. Nur so ist gewährleistet, daß Sie die vorgegebene Joule-/Kalorienmenge nicht überschreiten und somit erfolgreich und gesund Ihr Körpergewicht reduzieren.

*Nährwertverteilung* bei etwa 5025 kJ/1200 kcal pro Tag:

| | |
|---|---|
| etwa 20% Eiweiß | = 59 g, |
| etwa 30% Fett | = 39 g, |
| etwa 50% Kohlenhydrate | = 146 g. |

*Nährwertverteilung* pro Mahlzeit:
⅓ für das 1. und 2. Frühstück,
⅓ für das Mittagessen,
⅓ für den Nachmittag und das Abendessen.
1. und 2. Frühstück etwa:
20 g Eiweiß · 13 g Fett · 49 g Kohlenhydrate
Mittagessen und Nachmittag etwa:
24 g Eiweiß · 16 g Fett · 61 g Kohlenhydrate
Abendessen etwa:
15 g Eiweiß · 10 g Fett · 37 g Kohlenhydrate
(Schwankungen von +/− 1 g sind vertretbar).

## Darauf sollten Sie achten:

- Fassen Sie den Entschluß abzunehmen selbst, damit Sie es wollen, nicht müssen.
- Setzen Sie Ihr Wunschgewicht nicht zu niedrig an. Erstreben Sie auf keinen Fall unrealistische Gewichtszahlen, sondern freuen Sie sich auch schon über kleinere Erfolge.
- Fangen Sie zum richtigen Zeitpunkt mit der Umstellung Ihrer Eßgewohnheiten an, etwa am Wochenende, damit Sie sich in Ruhe damit befassen und ohne Stress daran gewöhnen.
- Gewöhnen Sie sich an, bewußt und ohne Ablenkung zu festen Zeiten zu essen.
- Wenn Sie unbedingt etwas knabbern müssen, nehmen Sie rohes Gemüse oder Obst.
- Richten Sie Ihre Portionen auf kleinen Tellern an, sie werden dann optisch größer.
- Trinken Sie genug, damit Ihr Körper die Schlacken abbauen kann (siehe Seite 8).
- Lassen Sie sich durch Ihre Umgebung nicht beirren, sondern denken Sie daran, was Sie alles tun können, wenn Sie beweglicher sind, oder was Ihnen bald alles wieder paßt.
- Bewegung ist sehr wichtig. Gehen Sie so oft wie möglich spazieren oder treiben Sie Sport.
- Behalten Sie Ihre neuen Eßgewohnheiten bei – Sie hungern ja nicht, sondern essen nur anders.

## Einstieg leicht gemacht nach Plan

Um Ihnen den Einstieg in die kalorienreduzierte Vollwerternährung zu erleichtern, gebe ich Ihnen hier als Beispiel einen 3-Tagesplan und einen Wochenspeiseplan mit jeweils 1200 Kalorien pro Tag.

### 3-Tages-Speiseplan

Pro Tag 5025 kJ/1200 kcal

**1. Tag**

Frühstück:
Tee oder Kaffee, Sojafruchtmilch mit Knäckebrot, Rezept Seite 20.
Zwischenmahlzeit am Vormittag:
Apfelquark, Rezept Seite 25.
Mittagessen:
Käsesalat mit Gemüse, Rezept Seite 29, 1 Scheibe Vollkornbrot (etwa 60 g).
Zwischenmahlzeit am Nachmittag:
Feine Dukatennudel, Rezept Seite 101.
Abendessen:
Weizen-Gemüse-Pfanne, Rezept Seite 80, Kopfsalat mit Sauerampfersauce, Rezept Seite 60.

**2. Tag**

Frühstück:
Tee oder Kaffee, Orangen-Quark-Müsli, Rezept Seite 15.
Zwischenmahlzeit am Vormittag:
Pikantes Buttermilchbrötchen, Rezept Seite 22.
Mittagessen:
Tofu-Pfirsich-Toast, Rezept Seite 38, Chicoréesalat mit Sesam, Rezept Seite 59.
Zwischenmahlzeit am Nachmittag:
1 Orange (etwa 200 g).
Abendessen:
Gemüseplatte, Rezept Seite 78, Kartoffelschnee, Rezept Seite 57.

**3. Tag**

Frühstück:
Tee oder Kaffee, Toastfrühstück mit Ei, Rezept Seite 19.
Zwischenmahlzeit am Vormittag:
Orangenkörbchen, Rezept Seite 25.
Mittagessen:
Lauch-Tofu-Auflauf, Rezept Seite 44, Frühlingsreis, Rezept Seite 58, Champignonsauce, Rezept Seite 54.
Zwischenmahlzeit am Nachmittag:
Pfirsichbuttermilch, Rezept Seite 26.
Abendessen:
Vitamin-Salatteller, Rezept Seite 76, 1 Partybrötchen, Rezept Seite 94, mit 1 Teelöffel Butter.

### Wochenspeiseplan

Pro Tag 5025 kJ/1200 kcal

**Montag**

Frühstück:
Tee oder Kaffee, Fünfkornmüsli, Rezept Seite 15.
Zwischenmahlzeit am Vormittag:
Apfelschaum, Rezept Seite 65.
Mittagessen:
Bunt garnierte Sojabrötchen, Rezept Seite 29.
Zwischenmahlzeit am Nachmittag:
1 Stück Zucchinitorte, Rezept Seite 93.
Abendessen:
Bunter Gemüsetopf, Rezept Seite 79, Petersilienreis, Rezept Seite 58.

**Dienstag**

Frühstück:
Tee oder Kaffee, Kräuterquark, Rezept Seite 69.
Zwischenmahlzeit am Vormittag:
Rotkohlrohkost mit Trauben, Rezept Seite 23.
Mittagessen:
Käsebrot mit Gurke und Paprika, Rezept Seite 29.

Zwischenmahlzeit am Nachmittag:
1 Apfel (etwa 100 g).
Abendessen:
Hirsepfannkuchen mit Sauerkirschquark, Rezept Seite 77, 200 ccm Orangensaft.

**Mittwoch**
Frühstück:
Tee oder Kaffee, Apfelmüsli mit Dickmilch, Rezept Seite 15.
Zwischenmahlzeit am Vormittag:
Kohlrabirohkost, Rezept Seite 25.
Mittagessen:
Grünkern-Champignon-Auflauf, Rezept Seite 52, Grüner Salat mit Joghurtdressing, Rezept Seite 61.
Zwischenmahlzeit am Nachmittag:
1 Mandarine oder 1 Birne.
Abendessen:
Buntes Quarkbrötchen, Rezept Seite 69.

**Donnerstag**
Frühstück:
Tee oder Kaffee, Erdbeerquark, Rezept Seite 16.
Zwischenmahlzeit am Vormittag:
200 g Birne.
Mittagessen:
Vollkornnudeln mit Gemüse-Tofu-Sauce, Rezept Seite 53, Salatteller mit Sanddornsauce, Rezept Seite 61.
Zwischenmahlzeit am Nachmittag:
100 g Dickmilch.
Abendessen:
Kräuterquark, Rezept Seite 69, 2 Scheiben Krustenbrot, Rezept Seite 89, oder 40 g Roggenbrot und 1 Teelöffel Butter.

**Freitag**
Frühstück:
Tee oder Kaffee, Camembertbrot mit Gurke, Rezept Seite 21.
Zwischenmahlzeit am Vormittag:
Fruchtige Fenchelrohkost, Rezept Seite 24.
Mittagessen:
Apfel-Käse-Salat, Rezept Seite 28, 120 g Salzkartoffeln.
Zwischenmahlzeit am Nachmittag:
Geleefrüchte, Rezept Seite 66.
Abendessen:
Grünkernfrikadelle auf Brötchen, Rezept Seite 69.

**Samstag**
Frühstück:
Tee oder Kaffee, Tomatenbrot, Rezept Seite 21.
Zwischenmahlzeit am Vormittag:
Apfelrohkost, Rezept Seite 23.
Mittagessen:
Gebratene Zucchinischeiben, Rezept Seite 41, Frühlingsreis, Rezept Seite 58, Kräutersauce, Rezept Seite 55.
Zwischenmahlzeit am Nachmittag:
1 Glas Gemüsesaft
Abendessen:
Wirsingsalat mit Birne, Rezept Seite 75, 1 Roggenvollkornbrötchen (etwa 50 g), 20 g Tilsiter Käse mit 30% Fett.

**Sonntag**
Frühstück:
Müsli für sonntags, Rezept Seite 16.
Zwischenmahlzeit am Vormittag:
Brötchen mit Hüttenkäse und Tomate, Rezept Seite 22.
Mittagessen:
Gemüse mit Brandteighaube, Rezept Seite 47, Bunter Salat mit Sprossen, Rezept Seite 62.
Zwischenmahlzeit am Nachmittag:
Apfel-Roggen-Gratin, Rezept Seite 68.
Abendessen:
Bauernsalat, Rezept Seite 76, 1 Vollkornbrötchen.

## Tips für Berufstätige

Wenn Sie tagsüber außer Haus sind, sollten Sie folgendes beachten:

- Versuchen Sie, mehrmals am Tag kalorienarme Getränke (zum Beispiel Kräutertee oder Mineralwasser) zu trinken. Stellen Sie sich zur Erinnerung immer ein volles Glas Flüssigkeit bereit.
- Um lange Pausen zu vermeiden, sollten Sie nach Möglichkeit zwischen den Mahlzeiten ein Stück Obst oder zum Beispiel einen Becher Joghurt essen. So verhindern Sie, daß starkes Hungergefühl aufkommt.
- Nehmen Sie nach Möglichkeit Ihre Zwischenmahlzeiten von zu Hause mit. Dadurch vermeiden Sie den unüberlegten Griff zu nicht geeigneten Speisen.
- Planen Sie Ihre Mahlzeiten sorgfältig und essen Sie nie unüberlegt.
- Wenn Sie in einer Kantine essen, wählen Sie nur die Speisen aus, deren Zusammenstellung Sie einschätzen können und deren Verzehr Ihnen ratsam erscheint. Eine gute Hilfe ist hierzu der Kalorien-Joule-Kompaß (siehe Seite 108), der sich leicht mitnehmen läßt.
- Essen Sie keine gebundenen Saucen, keine Nudeln oder Klöße. Greifen Sie stattdessen vermehrt zu Salaten, Rohkost und Gemüse.
- Vermeiden Sie bei einem kompletten Menüangebot Suppen und Desserts.
- Versuchen Sie auch in kurzen Mittagspausen Ihr Essen ganz bewußt und langsam zu genießen.

## Lassen Sie sich ruhig einladen

Auch während Sie Ihr Schlankheitsprogramm verfolgen, sollten Sie Einladungen annehmen oder selbst Gäste zu sich bitten. Viele Rezepte in diesem Buch schmecken sehr raffiniert und lassen sich problemlos in mehreren Portionen zubereiten. Was für Sie als Gast zu empfehlen ist, sagen Ihnen folgende Tips:

- Sagen Sie nicht jede Einladung während Ihrer Reduktionsdiät ab.
- Seien Sie höflich und lehnen Sie nicht von vorneherein jede angebotene Speise ab.
- Vermeiden Sie aber, größere Portionen zu verzehren.
- Essen Sie bewußt und langsam, damit Sie gemeinsam mit den anderen Gästen die Mahlzeit beenden können.
- Wählen Sie bei einem Buffet die Speisen aus, die kalorienarm und trotzdem vollwertig sind.
- Trinken Sie wenig Alkohol und vermehrt Mineralwasser.
- Sollten Sie trotz guter Vorsätze bei einer Einladung zuviel gegessen haben, geben Sie Ihren Reduktionsfahrplan nicht auf. Versuchen Sie dafür am nächsten Tag etwas weniger zu essen.

## Wichtige Geräte

**Getreidemühle**

Um den vollen Wert vom Getreide zu erhalten, sollte es immer erst kurz vor der Zubereitung frisch gemahlen werden. Gemahlenes Getreide, das länger stehen muß, verliert einen großen Teil seiner Inhaltsstoffe durch den Einfluß von Sauerstoff. Kleine Mengen Getreidekörner können Sie sich meist im Naturkostladen oder Reformhaus mahlen lassen. Wenn Sie aber erst einmal auf den Geschmack gekommen sind, werden Sie sich eine eigene Mühle anschaffen wollen.

Der Fachhandel bietet Ihnen heute eine breitgefächerte Palette verschiedenster Mühlentypen an. Die Preisspanne ist groß. Aus diesem Grunde sollten Sie vor dem Kauf einer Getreidemühle über die Unterschiede und Einsatzmöglichkeiten genau Bescheid wissen.

# Schlank werden auf gesunde Art

Wenn Sie Ihr Getreide nur für die Zubereitung von Müsli mahlen wollen, ist eine preisgünstige handbetriebene Mühle völlig ausreichend. Wenn Sie jedoch häufig größere Mengen von Getreide verarbeiten wollen, zum Beispiel zum Brotbacken, ist eine elektrisch angetriebene Mühle zu empfehlen.

Getreidemühlen gibt es heute für jeden Bedarf und Geldbeutel. Sie sollten sich vor dem Kauf im Fachhandel gründlich informieren.

Neben der Art des Antriebs unterscheiden sich die Mühlen durch ihr Mahlwerk. Der Handel bietet folgende Mahlwerke an:
Stahlmahlwerk: Es besteht aus einem gehärteten Stahlkegel. Damit können Sie jede Art von Getreide, Ölsaaten, Gewürzen und Hülsenfrüchten staubfrei mahlen. Dieses Mahlwerk eignet sich aber in erster Linie nur für kleine Mengen, da sich das Getreide bei einem langen Mahlvorgang erwärmt und dadurch wertvolle Vitamine verloren gehen. Das Korn wird beim Mahlvorgang geschnitten, und es entsteht ein feines, grießiges Mehl.
Biokeramik-Mahlwerk: Es wird aus natürlicher Tonerde gebrannt. Sie können jede Art von Getreide, Ölsaaten, Gewürzen und Hülsenfrüchten mahlen. Das Korn wird bei diesem Mahlvorgang überwiegend zerrieben, und es entsteht ein feines, flockiges Mehl.
Steinmahlwerk: Es besteht aus kristallinem Urgestein, das in gebranntem Magnesitgestein gebunden ist. Mit diesem Mahlwerk können Sie nur sehr trockenes Getreide mit wenig Fettanteil mahlen, da sonst die Mahlsteine leicht verkleben. Das Mahlwerk ist jedoch sehr widerstandsfähig, schärft sich selbst nach und eignet sich besonders für größere Mengen. Das Getreide wird beim Mahlvorgang zerrieben, und es entsteht ein leichtes, flockiges Mehl.

**Pfannen zum Braten und Dünsten**
Nicht jede Pfanne ist für eine fettarme Zubereitung geeignet. Bei vielen Pfannen besteht die Gefahr, daß Ihnen die Speisen bei sparsamer Verwendung von Fett anbrennen oder sich nicht vom Pfannenboden lösen. Verwenden Sie darum nur eine kunststoffbeschichtete Pfanne (Teflon oder Hostaflon). Achten Sie aber darauf, daß Sie diese nicht überhitzen oder die Beschichtung mit einem spitzen Gegenstand beschädigen.

**Kochtöpfe**
Das Angebot an Kochgeschirr ist heute sehr umfangreich und vielseitig. Um möglichst schonend mit wenig Vitaminverlust zu garen, wählen Sie am besten einen Edelstahltopf mit einem sogenannten Sandwichboden (Wärmeleitboden aus mehreren Legierungen). Dieser besonders dicke Boden ermöglicht es, daß Sie fettfrei und wasserarm garen können. Sie sollten außerdem darauf achten, daß der Topf einen gut schließenden Deckel (Zargendeckel) hat, damit die Bildung und der Rückfluß von Kondenswasser gesichert ist und der Dampf nicht entweichen kann.

**Rohkostreibe**
Ob Sie sich eine einfache Handreibe oder eine Kombination zur Küchenmaschine anschaffen, wichtig ist immer, daß die Schneidflächen oder

-messer aus rostfreiem Edelstahl sind, damit das Reibgut beziehungsweise der austretende Saft nicht oxydiert.

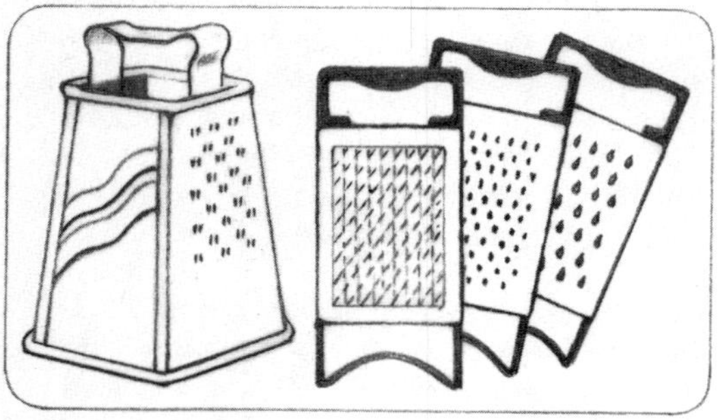

Wenn Sie häufiger Rohkost zubereiten, brauchen Sie mindestens eine feine, eine mittelfeine und eine grobe Reibe oder eine, die alles gleichzeitig bietet.

## Mengen und Maße

Die Rezepte dieses Kochbuchs sind, bis auf Ausnahmen, für 1 Portion zusammengestellt. Im Anschluß an die Zutaten finden Sie bei jedem Rezept Angaben über Joule (kJ), Kalorien (kcal), Nährwerte sowie Ballaststoffe und Cholesteringehalt.
Bei Speisen, die sich aus küchentechnischen Gründen besser in größerer Menge zubereiten lassen, wie zum Beispiel Kuchen und Brote, ist die Anzahl der Portionen angegeben und die Nährwerte sind pro Stück beziehungsweise Scheibe berechnet.
Ich habe die Mengenangaben so gehalten, daß Sie die Rezepte bei der Zubereitung mehrerer Portionen problemlos vervielfachen können.
Wenn Sie schlank werden und bleiben wollen, ist zur Einhaltung der genauen Nähr- und Brennwerte (Eiweiß, Fett, Kohlenhydrate, Kalorien und Joule) ein exaktes Abwiegen und Abmessen unerläßlich. Verwenden Sie hierzu eine genaue Diätwaage und für Flüssigkeiten einen Meßbecher mit kleinen Maßeinheiten in Kubikzentimeter (ccm).
Nachstehende Maße sollen Ihnen helfen, häufig gebrauchte Zutaten in kleineren Mengen rasch abzumessen:

| | |
|---|---|
| 1 Teel. Butter | = 5 g |
| 1 gestrichener Eßl. Getreide, ungemahlen | = 20 g |
| 1 gestrichener Eßl. Getreide, gemahlen | = 12 g |
| 1 gestrichener Eßl. Hafer-Vollkornflocken | = 10 g |
| 1 Teel. Honig | = 5 g |
| 1 Teel. Öl | = 5 g |
| 1 Teel. Quark | = 30 g |
| 1 Eßl. Joghurt | = 15 g |
| 1 Eßl. saure Sahne | = 10 g |
| 1 Teel. Sesamsamen | = 5 g |
| 1 Teel. Sonnenblumenkerne | = 5 g |
| 1 Teel. Weizenkeime | = 4 g |
| 1 Ei, Gewichtsklasse 4 | = 58 g |
| 1 Eiweiß, Gewichtsklasse 4 | = 33 g |
| 1 Eigelb, Gewichtsklasse 4 | = 19 g |
| ⅛ l Wasser | = 125 g |
| ¼ l Wasser | = 250 g |
| 1 Vollkornbrötchen | = 50 g |
| 1 Scheibe Vollkornbrot | = etwa 50 g |

# Frühstück, das fit macht

Beginnen Sie jeden Tag mit einem wohlschmekkenden Frühstück, damit Sie leistungsfähig starten können. Wichtig ist dabei, daß Sie nicht täglich das gleiche Müsli oder nur Butterbrot zu sich nehmen. Die folgenden Frühstücksvorschläge bringen Abwechslung auf Ihren Frühstückstisch. Und Abwechslung macht nicht nur Spaß, sie ist auch wichtig für eine ausgewogene Nährstoffzufuhr.
Beachten Sie, daß zum Frühstück Ihrer Wahl immer die richtige Zwischenmahlzeit gehört, damit die tägliche Nährwertverteilung (siehe Seite 9) stimmt.

Preiswert · Schnell

## Apfelmüsli mit Dickmilch

*100 g Dickmilch mit 1,5% Fett · 1 Teel. Zitronensaft, frisch gepreßt · 1 Prise Zimtpulver · 1 Apfel · ½ Teel. Sonnenblumenkerne · 1 Eßl. Hafer-Vollkornflocken*
Etwa: 800 kJ/190 kcal
7 g Eiweiß · 5 g Fett · 30 g Kohlenhydrate · 6 g Ballaststoffe · 0 mg Cholesterin

Zubereitungszeit: 10–12 Minuten

- Die Dickmilch mit dem Zitronensaft und dem Zimt in einer kleinen Schüssel verrühren.
- Den Apfel waschen, halbieren, vom Kernhaus befreien und mit der Schale in die Dickmilch reiben.
- Die Sonnenblumenkerne kleinschneiden und zusammen mit den Haferflocken in das Müsli geben. Sofort essen.

**Richtige Zwischenmahlzeit:** Kohlrabirohkost (Rezept Seite 25).

Ganz einfach

## Orangen-Quark-Müsli

*15 g Weizen, grob geschrotet · 1 Tasse Wasser · 100 ccm Orangensaft, frisch gepreßt · 60 g Quark mit 20% Fett · 1 Teel. Weizenkeime · 1 Teel. Sesamsamen*
Etwa: 830 kJ/200 kcal
12 g Eiweiß · 7 g Fett · 23 g Kohlenhydrate · 3 g Ballaststoffe · 10 mg Cholesterin

Quellzeit: etwa 12 Stunden (über Nacht)
Zubereitungszeit: etwa 10 Minuten

- Den Weizenschrot in dem Wasser einweichen und zugedeckt über Nacht kühl stellen.
- Den Orangensaft mit dem Quark in einer kleinen Schüssel glattrühren. Den eingeweichten Schrot darunterheben.
- Das Müsli mit den Weizenkeimen und dem Sesam bestreuen. Sofort essen.

**Richtige Zwischenmahlzeit:** pikantes Buttermilchbrötchen (Rezept Seite 22).

Ganz einfach

## Fünfkornmüsli

*1 Eßl. Fünfkorn-Getreidemischung · 100 ccm Wasser · 25 g saure Sahne · 100 g Quark mit 20% Fett · ½ Teel. Honig · 1 Teel. Zitronensaft, frisch gepreßt · 50 g Orange · 50 g Birne*
Etwa: 1100 kJ/260 kcal
16 g Eiweiß · 9 g Fett · 29 g Kohlenhydrate · 5 g Ballaststoffe · 25 mg Cholesterin

Quellzeit etwa 12 Stunden (über Nacht)
Zubereitungszeit: etwa 15 Minuten

• Das Getreide als Körner oder grob geschrotet in dem Wasser einweichen und über Nacht zugedeckt kühl stellen.
• Die saure Sahne, den Quark, den Honig und den Zitronensaft in einer Schüssel gut verrühren. Das eingeweichte Getreide darunterheben.
• Die Orange auspressen. Die Birne waschen, halbieren, vom Kernhaus befreien und in kleine Würfel schneiden. Den Saft und die Fruchtwürfel in das Müsli geben. Alles locker mischen und sofort essen.

**Richtige Zwischenmahlzeit:** Apfelschaum (Rezept Seite 65).

Preiswert · Ganz einfach

## Müsli für sonntags

*Je ½ Eßl. Weizen und Roggen, grob geschrotet · 100 ccm Wasser · 100 ccm Milch mit 1,5% Fett · 1 Birne · ½ Apfel · ½ Teel. Sesamsamen · ½ Teel. Sonnenblumenkerne*
Etwa: 1100 kJ/260 kcal
9 g Eiweiß · 7 g Fett · 46 g Kohlenhydrate · 11 g Ballaststoffe · 5 mg Cholesterin

Quellzeit: etwa 12 Stunden (über Nacht)
Zubereitungszeit: 10–15 Minuten

• Den Weizen- und den Roggenschrot in einer Schüssel mit dem Wasser verrühren und über Nacht zugedeckt an einem kühlen Platz quellen lassen.
• Die Milch über das vorbereitete Getreide gießen.
• Die Birne und den Apfel waschen, vom Kernhaus befreien und in das Müsli raspeln. Mit dem Sesam und den Sonnenblumenkernen bestreuen. Sofort essen.

**Tip:** Wenn es besonders nußartig schmecken soll, rösten Sie den Sesam und die Sonnenblumenkerne zusammen in einer Pfanne ohne Fettzugabe kurz an.

**Richtige Zwischenmahlzeit:** Brötchen mit Hüttenkäse und Tomate (Rezept Seite 22).

Schnell

## Erdbeerquark

Bild nebenstehend

*100 g Quark mit 20% Fett · 1 Eßl. Mineralwasser · 1 Teel. Zitronensaft, frisch gepreßt · ½ Teel. Honig · 100 g Erdbeeren · 2 Eßl. Hafer-Vollkornflocken*
Etwa: 950 kJ/230 kcal
16 g Eiweiß · 7 g Fett · 25 g Kohlenhydrate · 4 g Ballaststoffe · 17 mg Cholesterin

Zubereitungszeit: 10–12 Minuten

• Den Quark in einer Schüssel mit dem Mineralwasser, dem Zitronensaft und dem Honig glattrühren.

Erfrischend und nährstoffreich: ein köstlicher Erdbeerquark fürs Frühstück (Rezept auf dieser Seite) und eine raffinierte Apfelrohkost für den kleinen Appetit am Vormittag. Rezept Seite 23. ▷

- Die Erdbeeren waschen, trockentupfen, von den Stielen zupfen und vierteln.
- Die Haferflocken und die Erdbeeren vorsichtig unter die Quarkmasse heben. Sofort essen.

**Richtige Zwischenmahlzeit:** Radieschenbrot (Rezept Seite 22).

Schnell · Preiswert

## Süßes Brötchen

*1 Vollkornbrötchen · 1 Teel. Butter · 1 Teel. Birnenapfelkraut oder Marmelade ohne Zucker*
Etwa: 740 kJ/180 kcal
5 g Eiweiß · 5 g Fett · 26 g Kohlenhydrate · 2 g Ballaststoffe · 12 mg Cholesterin

Zubereitungszeit: etwa 5 Minuten

- Das Brötchen halbieren, mit der Butter und dem Birnenapfelkraut bestreichen.

**Richtige Zwischenmahlzeit:** Chicorée-Mandarinen-Rohkost (Rezept Seite 24).

◁ Der Weizen-Sojabohnen-Salat macht Sie bestimmt mittags satt, wenn Sie mal keine Lust auf eine warme Mahlzeit haben. Er läßt sich auch gut an den Arbeitsplatz mitnehmen. Rezept Seite 28.

Ganz einfach

## Toastfrühstück mit Ei

*2 Scheiben Vollkorntoastbrot · 1 Teel. Butter · 1 Teel. Marmelade ohne Zucker · 1 Ei (Gewichtsklasse 4)*
Etwa: 1400 kJ/330 kcal
13 g Eiweiß · 15 g Fett · 35 g Kohlenhydrate · 4 g Ballaststoffe · 330 mg Cholesterin

Zubereitungszeit: etwa 10 Minuten

- Die Toastbrotscheiben rösten. Mit der Butter und der Marmelade bestreichen.
- Das Ei in 4 Minuten weich kochen und dazu servieren.

**Richtige Zwischenmahlzeit:** Orangenkörbchen (Rezept Seite 25).

Raffiniert

## Hafer-Orangen-Drink

*½ Eßl. Hafer, frisch geschrotet · 100 ccm Wasser · 100 ccm Orangensaft, frisch gepreßt · 1 Teel. Zitronensaft, frisch gepreßt · ½ Teel. Honig · 2 Scheiben Vollkornknäckebrot · 1 Teel. Butter*
Etwa: 820 kJ/200 kcal
4 g Eiweiß · 6 g Fett · 32 g Kohlenhydrate · 4 g Ballaststoffe · 12 mg Cholesterin

Garzeit: etwa 10 Minuten
Kühlzeit: etwa 20 Minuten
Fertigstellung: etwa 10 Minuten

- Den Haferschrot in einem kleinen Topf mit dem Wasser zum Kochen bringen und in etwa

10 Minuten bei schwacher Hitze zugedeckt ausquellen lassen.
- Das Haferwasser von der Kochstelle nehmen und kühl stellen.
- Das ausgekühlte Haferwasser, den Orangensaft, den Zitronensaft und den Honig in einen Mixer geben und fein mixen.
- Den Drink in ein hohes Glas füllen. Das Knäckebrot mit der Butter bestreichen und dazu essen.

**Tip:** Wenn Sie das Haferwasser am Vorabend zubereiten und in den Kühlschrank stellen, sparen Sie morgens die Zeit zum Auskühlen.

**Richtige Zwischenmahlzeit:** Melonenschiffchen (Rezept Seite 26).

Schnell

## Sojafruchtmilch mit Knäckebrot

Sojamilch schmeckt mild und ist leicht bekömmlich. Für eine kalorienreduzierte Kost eignet sie sich ausgezeichnet, weil sie sehr gut sättigt.

*100 ccm Sojamilch, ersatzweise fettarme Milch · 100 ccm Orangensaft, frisch gepreßt · 1 Teel. Honig · 2 Scheiben Vollkornknäckebrot · 1 Teel. Butter*
Etwa: 840 kJ/200 kcal
7 g Eiweiß · 7 g Fett · 29 g Kohlenhydrate · 3 g Ballaststoffe · 12 mg Cholesterin

Zubereitungszeit: 10–15 Minuten

- Die Sojamilch mit dem Orangensaft und dem Honig verrühren und in ein hohes Glas füllen.
- Das Knäckebrot mit der Butter bestreichen und zur Sojafruchtmilch essen.

**Richtige Zwischenmahlzeit:** Apfelquark (Rezept Seite 25).

Ganz einfach

## Champignonrührei

Dieses Frühstück sollten Sie sich nur zu einem besonderen Anlaß gönnen, da der Gehalt an Cholesterin sehr hoch ist.

*100 g Champignons · 1 Teel. Butter · 1 Ei (Gewichtsklasse 4) · Salz · Pfeffer, frisch gemahlen · 1 Salatblatt · ½ Tomate · 1 Scheibe Vollwertbrot (60 g)*
Etwa: 1100 kJ/260 kcal
14 g Eiweiß · 11 g Fett · 27 g Kohlenhydrate · 6 g Ballaststoffe · 330 mg Cholesterin

Zubereitungszeit: 10–15 Minuten

- Die Champignons putzen, waschen, und in dünne Scheiben schneiden.
- Die Butter in einer Pfanne erhitzen. Die Champignons darin unter mehrmaligem Wenden anbraten.
- Das Ei verquirlen, in die Pfanne gießen und stocken lassen. Mit Salz und etwas Pfeffer würzen.
- Das Champignonrührei auf dem Salatblatt mit der Tomate anrichten. Das Vollwertbrot dazu essen.

**Richtige Zwischenmahlzeit:** Orangendickmilch (Rezept Seite 26).

Ganz einfach · Preiswert

## Camembertbrot mit Gurke

*1 Scheibe Vollkornroggenbrot · 1 Teel. Butter · 30 g Camembertkäse mit 30% Fett · Salz · Pfeffer, frisch gemahlen · 100 g Salatgurke*
Etwa: 900 kJ/210 kcal
11 g Eiweiß · 9 g Fett · 20 g Kohlenhydrate · 5 g Ballaststoffe · 23 mg Cholesterin

Zubereitungszeit: etwa 5 Minuten

- Das Brot mit der Butter bestreichen. Den Camembert in Scheiben schneiden und darauf verteilen. Mit etwas Salz und Pfeffer würzen.
- Die Gurke waschen, schälen und zum Brot servieren.

**Richtige Zwischenmahlzeit:** fruchtige Fenchelrohkost (Rezept Seite 24) oder Rotkohlrohkost mit Trauben (Rezept Seite 23).

Preiswert · Ganz einfach

## Käsetoast

*2 Scheiben Vollkorntoastbrot · 1 Teel. Butter · 1 Salatblatt · 1 Scheibe Edamer Käse mit 30% Fett · ½ Tomate · 1 Teel. Schnittlauch, frisch kleingeschnitten*
Etwa: 1200 kJ/290 kcal
10 g Eiweiß · 11 g Fett · 36 g Kohlenhydrate · 5 g Ballaststoffe · 17 mg Cholesterin

Zubereitungszeit: etwa 10 Minuten

- Die Brotscheiben goldbraun toasten, mit der Butter bestreichen, mit je ½ Salatblatt und ½ Käsescheibe belegen.
- Die Tomate vom Stielansatz befreien, in dünne Scheiben schneiden und mit dem Schnittlauch auf die Käsebrote verteilen.

**Richtige Zwischenmahlzeit:** Kopfsalat mit Birne (Rezept Seite 24).

Schnell

## Tomatenbrot

*1 Scheibe Vollkornroggenbrot · 1 Teel. Butter · 1 Tomate · 1 Prise Salz · Pfeffer, frisch gemahlen · 1 Teel. Schnittlauch, frisch kleingeschnitten*
Etwa: 670 kJ/160 kcal
5 g Eiweiß · 5 g Fett · 21 g Kohlenhydrate · 6 g Ballaststoffe · 12 mg Cholesterin

Zubereitungszeit: 10–12 Minuten

- Das Roggenbrot mit der Butter bestreichen. Die Tomate waschen, vom Stielansatz befreien und in dünne Scheiben schneiden.
- Die Tomatenscheiben auf dem Brot anrichten. Mit dem Salz und etwas Pfeffer würzen. Den Schnittlauch auf die Tomatenscheiben streuen.

**Richtige Zwischenmahlzeit:** Apfelrohkost (Rezept Seite 23).

# Herzhaftes für zwischendurch

Zwischenmahlzeiten sind bei einer gesunden Reduktionskost sehr wichtig. Sie verhindern das Aufkommen eines starken Hungergefühls, bewirken eine vermehrte Verbrennung im Körper und somit einen erhöhten Kalorienverbrauch.
Die kleinen herzhaften Gerichte in diesem Kapitel sind unkompliziert und lassen sich fast alle auch am Arbeitsplatz zubereiten oder mitnehmen. Im Kapitel »Süßes für zwischendurch« auf Seite 65 finden Sie weitere reizvolle Vorschläge. Achten Sie darauf, daß alle Zwischenmahlzeiten zu bestimmten Hauptgerichten (Frühstück, Mittagessen) gehören.

Schnell · Preiswert

## Brötchen mit Hüttenkäse und Tomate

Eine ideale Zwischenmahlzeit am Arbeitsplatz.

*1 Vollkornroggenbrötchen · 50 g Hüttenkäse · ½ Tomate · 1 Prise Salz · 1 Prise Pfeffer, frisch gemahlen · 1 Teel. Kresse, frisch kleingeschnitten*
Etwa: 690 kJ/160 kcal
11 g Eiweiß · 3 g Fett · 22 g Kohlenhydrate · 5 g Ballaststoffe · 0 mg Cholesterin

Zubereitungszeit: 5–10 Minuten

- Das Roggenbrötchen halbieren und mit dem Hüttenkäse bestreichen.
- Die Tomatenhälfte vom Stielansatz befreien, in dünne Scheiben schneiden und diese fächerförmig auf dem Hüttenkäse verteilen. Mit dem Salz und dem Pfeffer würzen. Zum Schluß die Kresse darüber streuen.

Schnell

## Pikantes Buttermilchbrötchen

*1 Buttermilchbrötchen (Rezept Seite 95) · 1 Teel. Butter · 150 g Tomaten · Salz · Pfeffer, frisch gemahlen · 1 Teel. Schnittlauch, frisch kleingeschnitten*
Etwa: 715 kJ/170 kcal
7 g Eiweiß · 7 g Fett · 24 g Kohlenhydrate · 4 g Ballaststoffe · 13 mg Cholesterin

Zubereitungszeit: etwa 10 Minuten

- Das Buttermilchbrötchen halbieren und mit der Butter bestreichen.
- Die Tomaten waschen, vom Stielansatz befreien und in dünne Scheiben schneiden. Die Tomatenscheiben fächerförmig auf die Brötchenhäften verteilen. Mit etwas Salz und Pfeffer würzen.
- Den Schnittlauch auf die Brötchen streuen.

**Tip:** Falls Sie gerade kein selbstgebackenes Buttermilchbrötchen (zum Beispiel im Gefriergerät) zur Verfügung haben, schmeckt auch ein Vollkornbrötchen vom Bäcker.

Kann vorbereitet werden

## Radieschenbrot

*1 kleine Scheibe Vierkornbrot · 1 Teel. Butter · 100 g Radieschen · 1 Prise Salz · 1 Teel. Schnittlauch, frisch kleingeschnitten*
Etwa: 650 kJ/150 kcal
5 g Eiweiß · 5 g Fett · 22 g Kohlenhydrate · 5 g Ballaststoffe · 12 mg Cholesterin

Zubereitungszeit: etwa 10 Minuten

• Das Brot mit der Butter bestreichen.
• Die Radieschen waschen, putzen, in dünne Scheiben schneiden und auf dem Brot verteilen. Mit dem Salz und dem Schnittlauch bestreuen.

Ganz einfach · Schnell

## Schnittlauchbrot

*½ Scheibe Vollkornbrot (etwa 30 g) · 50 g Quark mit 20% Fett · 2 Teel. Schnittlauch, frisch kleingeschnitten*
Etwa: 500 kJ/120 kcal
9 g Eiweiß · 3 g Fett · 14 g Kohlenhydrate · 2 g Ballaststoffe · 9 mg Cholesterin

Zubereitungszeit: etwa 5 Minuten

• Das Vollkornbrot mit dem Quark bestreichen. Den Schnittlauch darauf streuen und das Schnittlauchbrot sofort essen.

Kann vorbereitet werden

## Rotkohlrohkost mit Trauben

*50 g Rotkohl · 1 Prise Salz · 30 g blaue Weintrauben (etwa 6 Stück) · 1 Eßl. trockener Weißwein oder ungesüßter Apfelsaft · 1 Scheibe Vollkornbrot*
Etwa: 600 kJ/140 kcal
5 g Eiweiß · 1 g Fett · 27 g Kohlenhydrate · 5 g Ballaststoffe · 0 mg Cholesterin

Zubereitungszeit: etwa 15 Minuten

• Den Rotkohl waschen, trockenschütteln und in sehr dünne Streifen schneiden. Die Kohlstreifen in eine kleine Schüssel geben und salzen.
• Die Trauben waschen, halbieren, entkernen und zusammen mit dem Weißwein oder dem Apfelsaft zum Rotkohl geben. Alles gut vermengen.
• Die Rohkost auf einem Glasschälchen anrichten und mit dem Vollkornbrot essen.

Schnell · Raffiniert

## Apfelrohkost

Bild Seite 17

*30 g Kopfsalat (etwa ¼ Kopf) · 150 g Joghurt mit 1,5% Fett · 1 Eßl. Quark mit 20% Fett · 1 Teel. Zitronensaft, frisch gepreßt · 100 g Grapefruit · ½ Apfel*
Etwa: 790 kJ/190 kcal
11 g Eiweiß · 4 g Fett · 25 g Kohlenhydrate · 3 g Ballaststoffe · 5 mg Cholesterin

Zubereitungszeit: 10–15 Minuten

• Den Salat waschen, trockenschütteln und auf einem Teller verteilen.
• Den Joghurt, den Quark und den Zitronensaft in einer kleinen Schüssel verrühren.
• Das Fruchtfleisch der Grapefruit mit einem Grapefruitmesser von der Schale lösen und herausschneiden. Die Apfelhälfte waschen, vom Kernhaus befreien und in kleine Würfel schneiden.
• Die Fruchtstücke in den vorbereiteten Joghurt mischen. Die Apfelrohkost auf dem Salat anrichten.

Schnell

## Chicorée-Mandarinen-Rohkost

Schmeckt sehr gut als Zwischenmahlzeit oder auch als erfrischende Vorspeise.

*100 g Chicorée · 100 g Mandarinen · 150 g Joghurt mit 1,5% Fett · 1 Teel. Zitronensaft, frisch gepreßt · 1 Teel. Honig*
Etwa: 660 kJ/160 kcal
8 g Eiweiß · 3 g Fett · 25 g Kohlenhydrate · 4 g Ballaststoffe · 0 mg Cholesterin

Zubereitungszeit: etwa 15 Minuten

- Den Chicorée waschen, halbieren und den bitteren Strunk kegelförmig herausschneiden. Die Hälften in etwa 1 cm breite Streifen schneiden. Die Mandarinen schälen, in Stücke teilen und kleinschneiden.
- Die Chicoréestreifen und die Mandarinenstücke in einem Glasschälchen anrichten.
- Den Joghurt, den Zitronensaft und den Honig mit dem Schneebesen verrühren und sofort über die Rohkost gießen.

**Richtige Beilage:** 2 Vollreiswaffeln und 1 Teelöffel Butter.

Schnell · Raffiniert

## Fruchtige Fenchelrohkost

*100 g Fenchel · 1 Teel. Zitronensaft, frisch gepreßt · 1 Mandarine · 150 g Joghurt mit 1,5% Fett · 1 Teel. Honig*
Etwa: 710 kJ/170 kcal
9 g Eiweiß · 3 g Fett · 27 g Kohlenhydrate · 5 g Ballaststoffe · 0 mg Cholesterin

Zubereitungszeit: 10–15 Minuten

- Vom Fenchel die Stiele und den Wurzelansatz abschneiden. Die Knolle waschen, halbieren und schlechte Stellen entfernen. Die Fenchelhälften in dünne Streifen schneiden und mit dem Zitronensaft beträufeln.
- Die Mandarine schälen, auch das Weiße gründlich entfernen. Die Frucht halbieren und die Hälften quer durchschneiden, so daß die Spalten halbiert auseinanderfallen. Zusammen mit den Fenchelstreifen auf einem Teller anrichten.
- Den Joghurt mit dem Honig verrühren und über die Rohkost gießen. Sofort essen.

Raffiniert

## Kopfsalat mit Birne

*30 g Kopfsalat (etwa ¼ Kopf) · 150 g Dickmilch mit 1,5% Fett · 1 Teel. Honig · 1 Teel. Zitronensaft, frisch gepreßt · 1 Teel. ungesüßter Sanddornsaft · 100 g Birne*
Etwa: 610 kJ/150 kcal
7 g Eiweiß · 3 g Fett · 22 g Kohlenhydrate · 4 g Ballaststoffe · 0 mg Cholesterin

Zubereitungszeit: 10–15 Minuten

- Den Kopfsalat waschen, trockenschütteln, in 1 cm breite Streifen schneiden und auf eine Glasschale verteilen.
- Für die Marinade die Dickmilch, den Honig, den Zitronensaft und den Sanddornsaft in einer kleinen Schüssel vermengen. Die Birne waschen, schälen, vom Kernhaus befreien, in kleine Würfel schneiden und zur Marinade geben.
- Die Marinade kurz vor dem Servieren über den vorbereiteten Kopfsalat geben.

Kann vorbereitet werden

## Kohlrabirohkost

*150 g Magerjoghurt · ½ Teel. ungesüßter Sanddornsaft · 1 Teel. Zitronensaft, frisch gepreßt · 50 g Kohlrabi · 50 g Apfel · 1 Vollkornbrötchen · 1 Teel. Butter*
Etwa: 960 kJ/230 kcal
10 g Eiweiß · 6 g Fett · 35 g Kohlenhydrate · 5 g Ballaststoffe · 12 mg Cholesterin

Zubereitungszeit: 10–15 Minuten

- Den Joghurt mit dem Sanddornsaft und dem Zitronensaft in einer Schale verrühren.
- Den Kohlrabi waschen, schälen und die holzigen Teile entfernen. Den Apfel waschen, vom Kernhaus befreien und zusammen mit dem Kohlrabi in den vorbereiteten Joghurt raspeln.
- Die Rohkost in ein Schälchen füllen. Das Brötchen, mit der Butter bestrichen, dazu essen.

Schnell · Raffiniert

## Orangenkörbchen

*1 Orange (150 g) · 100 g Hüttenkäse · 1 Teel. Zitronensaft, frisch gepreßt · ½ Teel. ungesüßter Sanddornsaft*
Etwa: 720 kJ/170 kcal
14 g Eiweiß · 5 g Fett · 18 g Kohlenhydrate · 3 g Ballaststoffe · 0 mg Cholesterin

Zubereitungszeit: etwa 10 Minuten

- Von der Orange eine Kappe abschneiden und etwas Fruchtfleisch aus der Orange herauslösen.
- Den Hüttenkäse mit dem Orangenfruchtfleisch, dem Zitronensaft sowie dem Sanddornsaft vermengen und in die Orange füllen.
- Den Deckel aufsetzen und sofort servieren. Orange und Füllung aus der Schale löffeln.

Preiswert · Schnell

## Apfelquark

*100 g Quark mit 20% Fett · 1 Teel. Honig · 1 Prise Zimtpulver · 1 Teel. Zitronensaft, frisch gepreßt · 150 g Apfel*
Etwa: 850 kJ/200 kcal
13 g Eiweiß · 6 g Fett · 24 g Kohlenhydrate · 5 g Ballaststoffe · 17 mg Cholesterin

Zubereitungszeit: etwa 10 Minuten

- Den Quark mit dem Honig, dem Zimt und dem Zitronensaft in einer Schüssel mit dem Schneebesen verrühren.
- Den Apfel waschen, vom Kernhaus befreien und in den Quark raspeln. Alles gut vermengen.

Ganz einfach · Raffiniert

## Sprossenfruchtquark

*50 g Quark mit 20% Fett · 50 g Joghurt mit 1,5% Fett · 1½ Eßl. saure Sahne · ½ Teel. ungesüßter Sanddornsaft · 1 Teel. Zitronensaft, frisch gepreßt · 60 g Birne · 10 g Sojasprossen (etwa 1 Eßl.)*
Etwa: 560 kJ/130 kcal
10 g Eiweiß · 5 g Fett · 12 g Kohlenhydrate · 2 g Ballaststoffe · 13 mg Cholesterin

Zubereitungszeit: etwa 15 Minuten

• Den Quark mit dem Joghurt und der sauren Sahne in einer kleine Schüssel glattrühren. Mit dem Sanddornsaft und dem Zitronensaft abschmecken.
• Die Birne waschen, halbieren, vom Kernhaus befreien und in kleine Würfel schneiden. Die Sprossen kalt abbrausen und mit den Birnenwürfeln unter die Quarksauce heben. Sofort essen.

Ganz einfach · Raffiniert

## Melonenschiffchen

*1 Scheibe Honigmelone (etwa 100 g) · 100 g Pfirsich · 50 g rote Johannisbeeren · 150 g Joghurt mit 1,5% Fett · 1 Eßl. Quark mit 20% Fett · 1 Teel. Zitronensaft, frisch gepreßt*
Etwa: 950 kJ/230 kcal
12 g Eiweiß · 4 g Fett · 35 g Kohlenhydrate · 4 g Ballaststoffe · 5 mg Cholesterin

Zubereitungszeit: etwa 15 Minuten

• Die Honigmelone entkernen und auf ein Glasschälchen stellen. Den Pfirsich kurz in kochendheißes Wasser legen und häuten. Die Frucht halbieren, vom Stein befreien und in kleine Würfel schneiden. Die Johannisbeeren verlesen, waschen und trockentupfen und entstielen.
• Den Joghurt mit dem Quark und dem Zitronensaft in einer kleinen Schüssel verrühren. Die Pfirsichwürfel und die Johannisbeeren darunterheben.
• Kurz vor dem Essen die Joghurt-Obst-Mischung über die Honigmelone verteilen.

Schnell

## Orangendickmilch

*100 g Orange · 100 g Dickmilch mit 3,5% Fett*
Etwa: 440 kJ/100 kcal
5 g Eiweiß · 4 g Fett · 14 g Kohlenhydrate · 2 g Ballaststoffe · 11 mg Cholesterin

Zubereitungszeit: etwa 10 Minuten

• Die Orange waschen, halbieren und auspressen. Die Dickmilch in einer hohen Schüssel glattrühren. Den Orangensaft hinzufügen und alles nochmals gut verrühren.
• Die Orangendickmilch in einem hohen Trinkbecher möglichst kühl servieren.

**Richtige Beilage:** 2 Scheiben Knäckebrot oder 1 Vollreiswaffel.

Ganz einfach

## Pfirsichbuttermilch

*1 Pfirsich · 1 Teel. Honig · 1 Teel. Zitronensaft, frisch gepreßt · 150 ccm fettarme Buttermilch*
Etwa: 490 kJ/120 kcal
7 g Eiweiß · 1 g Fett · 21 g Kohlenhydrate · 1 g Ballaststoffe · 6 mg Cholesterin

Zubereitungszeit: etwa 15 Minuten

• Den Pfirsich mit kochendheißem Wasser überbrühen, häuten, halbieren und den Stein entfernen.
• Das Fruchtfleisch, den Honig, den Zitronensaft und die Buttermilch in einen Mixer geben und zusammen schaumig pürieren.
• Die Mischung in ein hohes Trinkglas füllen.

# Erfrischendes für mittags

Mit der Mittagsmahlzeit sollten Sie den größten Teil Ihres täglichen Kalorienbedarfs zu sich nehmen (siehe Seite 9).
Ob Sie mittags Appetit auf kalte oder warme Speisen haben, in diesem und dem folgenden Kapitel finden Sie viel Abwechslung. Alle Rezepte sind in Kombination mit der richtigen Beilage, wo nötig, sowie der richtigen Zwischenmahlzeit am Nachmittag nährstoff- und kalorienbewußt zusammengestellt.
Die folgenden Vorschläge für kalte Mahlzeiten lassen sich gut vorbereiten oder ohne größeren Aufwand zubereiten und eignen sich besonders gut für Berufstätige.

Kann vorbereitet werden

## Gemüsesalat mit Dickmilchmarinade

*½ l Wasser · Salz · 100 g Möhren · 150 g grüne Bohnen · 100 g Broccoli · 1 Mandarine (etwa 100 g)*
*Für die Marinade: 100 g Dickmilch mit 3,5% Fett · 1 Eßl. saure Sahne · 1 Teel. Tomatenmark · 2 Teel. Zitronensaft, frisch gepreßt · Salz · weißer Pfeffer, frisch gemahlen · 1 Messerspitze edelsüßes Paprikapulver*
Etwa: 950 kJ/230 kcal
12 g Eiweiß · 6 g Fett · 32 g Kohlenhydrate · 13 g Ballaststoffe · 14 mg Cholesterin

Vorbereitungszeit: etwa 15 Minuten
Garzeit: 20–25 Minuten
Fertigstellung: etwa 15 Minuten

- Das Wasser mit etwas Salz zum Kochen bringen.
- Das Gemüse gut waschen. Die Möhren bürsten oder schälen und in feine Stifte schneiden. Die Bohnen von Spitzen und Enden befreien, anschließend halbieren. Vom Broccoli die welken Blätter und den holzigen Teil des Stiels abschneiden und den Broccoli in kleine Röschen teilen.
- Die Bohnen und den Broccoli in das kochende Wasser geben und bei offenem Topf in 20–25 Minuten bißfest kochen. 5–10 Minuten vor Ende der Garzeit die Möhrenstifte hinzufügen und mitkochen. Das gare Gemüse mit einem Schaumlöffel aus dem Wasser nehmen und auskühlen lassen.
- Inzwischen die Mandarine schälen, auch das Weiße gründlich entfernen, die Frucht in Spalten teilen und diese halbieren.
- Für die Marinade die Dickmilch mit der sauren Sahne, dem Tomatenmark und dem Zitronensaft in einer Schüssel gut verrühren.
- Das Gemüse und die Mandarinenstückchen unter die Marinade heben. Den Salat mit etwas Salz, Pfeffer und dem Paprikapulver pikant abschmecken.

**Tip:** Damit das Gemüse die Farbe behält, können Sie es nach dem Garen kurz in kaltes Wasser tauchen.

**Richtige Beilage:** 1 Scheibe Vollkornbrot (etwa 50 g) und 1 Teelöffel Butter.

**Richtige Zwischenmahlzeit:** Sprossenfruchtquark (Rezept Seite 25).

Kann vorbereitet werden

## Weizen-Sojabohnen-Salat

Bild Seite 18

*20 g Weizen · 10 g Sojabohnen · ⅛ l Gemüsebrühe · 1 Eßl. Obstessig · Salz · Pfeffer, frisch gemahlen · 1 Teel. Sonnenblumenöl · 50 g rote Paprikaschote · 100 g Salatgurke · 100 g Radieschen · 1 Teel. Petersilie, frisch gehackt*
Etwa: 840 kJ/200 kcal
9 g Eiweiß · 9 g Fett · 19 g Kohlenhydrate · 7 g Ballaststoffe · 0 mg Cholesterin

Quellzeit: 12 Stunden (über Nacht)
Garzeit: 2 Stunden
Fertigstellung: 15–20 Minuten

- Die Weizenkörner und die Sojabohnen getrennt in wenig Wasser über Nacht einweichen.
- Die Sojabohnen gut waschen und mit der Gemüsebrühe zum Kochen bringen. Nach etwa 1½ Stunden Garzeit bei schwacher Hitze die Weizenkörner hinzufügen und zusammen nochmals etwa 30 Minuten garen.
- Die Körner und Sojabohnen mit dem Essig, Salz, Pfeffer und dem Sonnenblumenöl mischen und auskühlen lassen.
- Inzwischen die Paprikaschote waschen, von Kernen und weißen Rippen befreien und in feine Streifen schneiden. Die Gurke schälen und in dünne Scheiben schneiden. Die Radieschen putzen, waschen und ebenfalls in dünne Scheiben schneiden.
- Das Gemüse zu den Sojabohnen und den Weizenkörnern geben. Den Salat gut vermischen und mit der Petersilie bestreuen.

**Richtige Beilage:** Dinkelfladen (Rezept S. 96).

**Richtige Zwischenmahlzeit:** 1 gefüllter Windbeutel (Rezept Seite 99).

Kann vorbereitet werden

## Apfel-Käse-Salat

*100 g Spargel · Salz · 1 Apfel (etwa 100 g) · Saft von ½ Zitrone · 50 g Tilsiter Käse mit 30% Fett · ½ Teel. Sonnenblumenkerne · 1 Eßl. Obstessig · 1 Eßl. Wasser · ½ Teel. Leinöl · Pfeffer, frisch gemahlen*
Etwa: 1000 kJ/240 kcal
17 g Eiweiß · 14 g Fett · 14 g Kohlenhydrate · 5 g Ballaststoffe · 29 mg Cholesterin

Vorbereitungszeit für den Spargel: etwa 35 Minuten
Zubereitungszeit für den Salat: etwa 15 Minuten
Marinierzeit: etwa 1 Stunde

- Den Spargel waschen. Die holzigen Enden abschneiden und die Stangen von der Spitze zum Ende dünn schälen.
- Salzwasser zum Kochen bringen. Die Spargelstangen mit Küchengarn zu einem Bündel binden und in das kochende Wasser geben. Bei schwacher Hitze in 20–25 Minuten weichkochen.
- Das Bündel mit einem Schaumlöffel aus dem Wasser nehmen, den Faden entfernen, die Stangen in 3 cm große Stücke schneiden und auskühlen lassen.
- Inzwischen den Apfel waschen, vom Kernhaus befreien, eventuell schälen und in feine Schnitze schneiden. Sofort mit dem Zitronensaft beträufeln, damit die Apfelspalten nicht braun werden.
- Den Käse in dünne Stifte schneiden. Die Sonnenblumenkerne grob zerschneiden und mit den Spargelstücken, den Apfelspalten sowie den Käsestiften in einer Schüssel vermischen.
- Für die Marinade den Obstessig mit dem Wasser und dem Leinöl in einer kleinen Schüssel verrühren. Mit Salz und Pfeffer abschmek-

ken, über den Salat gießen und etwa 1 Stunde im Kühlschrank durchziehen lassen.

**Richtige Beilage:** 120 g Salzkartoffeln.

**Richtige Zwischenmahlzeit:** Geleefrüchte (Rezept Seite 66).

Ganz einfach

## Käsesalat mit Gemüse

*50 g Edamer Käse mit 30% Fett · 100 g Tomaten · 100 g grüne Paprikaschote · ½ Teel. Sonnenblumenöl · 1 Eßl. Obstessig · 2 Eßl. Wasser · 1 Teel. Zwiebel, gehackt · Salz · Pfeffer, frisch gemahlen*
Etwa: 800 kJ/190 kcal
15 g Eiweiß · 12 g Fett · 7 g Kohlenhydrate · 4 g Ballaststoffe · 27 mg Cholesterin

Zubereitungszeit: 15–20 Minuten

- Den Käse in dünne Streifen schneiden.
- Die Tomaten waschen, vom Stielansatz befreien und in dünne Scheiben schneiden. Die Paprikaschote ebenfalls waschen, von Kernen und weißen Rippen befreien und in feine Streifen schneiden. Den Käse und das Gemüse in einer Schüssel vermengen.
- Für die Salatsauce das Sonnenblumenöl mit dem Essig, dem Wasser und der Zwiebel gut verrühren. Mit etwas Salz und Pfeffer pikant abschmecken,dann über den Salat verteilen.

**Richtige Beilage:** 1 Scheibe Roggenvollkornbrot (etwa 60 g).

**Richtige Zwischenmahlzeit:** 1 Dukatennudel (Rezept Seite 101).

Ganz einfach · Preiswert

## Käsebrot mit Gurke

*2 Scheiben Vollkornbrot (etwa 100 g) · ½ Teel. Butter · 50 g Edamer Käse mit 30% Fett in Scheiben · ¼ Salatgurke · 1 kleine rote Paprikaschote (etwa 100 g) · Salz*
Etwa: 1600 kJ/380 kcal
22 g Eiweiß · 12 g Fett · 44 g Kohlenhydrate · 9 g Ballaststoffe · 34 mg Cholesterin

Zubereitungszeit: etwa 10 Minuten

- Das Vollkornbrot mit der Butter bestreichen und mit den Käsescheiben belegen.
- Die Gurke waschen, schälen und in etwa ½ cm dicke Scheiben schneiden. Die Paprikaschote waschen, von Kernen und weißen Rippen befreien, in Stücke schneiden und leicht salzen.
- Das Gemüse zum Käsebrot essen.

**Richtige Zwischenmahlzeit:** 1 Apfel.

Schnell · Ganz einfach

## Bunt garnierte Sojabrötchen

*2 Sojabrötchen (Rezept Seite 96) · 1 Teel. Butter · 2 Salatblätter · 50 g körniger Frischkäse · edelsüßes Paprikapulver · 1 Prise Salz · 1 Scheibe Edamer Käse mit 30% Fett (10 g) · 100 g unbehandelte Salatgurke · 1 Teel. Petersilie, frisch gehackt · 1 Tomate*
Etwa: 1485 kJ/345 kcal
24 g Eiweiß · 12 g Fett · 38 g Kohlenhydrate · 7 g Ballaststoffe · 17 mg Cholesterin

Zubereitungszeit: 5–10 Minuten

• Die Sojabrötchen halbieren, mit der Butter bestreichen und mit den Salatblättern belegen.
• Auf je 1 Hälfte der Brötchen den Frischkäse geben, mit Paprikapulver und etwas Salz würzen. Die beiden anderen Brötchenhälften mit dem Käse belegen. Die Gurke warm abwaschen, in Scheiben schneiden, auf dem Käse verteilen und mit der Petersilie bestreuen.
• Die Brötchenhälften auf einem Teller anrichten und mit Tomate garnieren.

**Richtige Zwischenmahlzeit:** 1 Stück Zucchinitorte (Rezept Seite 93).

Kann vorbereitet werden

## Frühlingssülze

Die Sülze ist ein feiner Wurstersatz. Sie paßt besonders gut zu Vollkornbrot. Überraschen Sie mal Ihre Gäste damit!

*1 Möhre · 50 g grüne Bohnen · 50 g Knollensellerie · ⅛ l Gemüsebrühe · 2 Blatt weiße Gelatine · 1 Tomate · 1 Essiggurke · Salz · Pfeffer, frisch gemahlen · 1 Eßl. Obstessig*
Etwa: 440 kJ/100 kcal
9 g Eiweiß · 2 g Fett · 14 g Kohlenhydrate · 9 g Ballaststoffe · 0 mg Cholesterin

Zubereitungszeit: 30–45 Minuten
Kühlzeit: 2–3 Stunden

• Die Möhre waschen, schälen und in Scheiben schneiden. Die Bohnen waschen, von Spitzen und Enden befreien und in kleine Stücke schneiden. Den Sellerie waschen, schälen und in etwa 1 cm große Würfel schneiden.
• Die Gemüsebrühe zum Kochen bringen. Das vorbereitete Gemüse hinzufügen und bei schwacher Hitze im geschlossenen Topf in etwa 10 Minuten weich kochen.
• Die Gelatine in Wasser etwa 10 Minuten einweichen.
• Inzwischen die Tomate waschen, vom Stielansatz befreien und vierteln. Die Essiggurke halbieren und zu einem Fächer schneiden.
• Das gare Gemüse mit Salz, Pfeffer und dem Obstessig pikant würzen. (Die Schärfe läßt beim Auskühlen der Sülze etwas nach, darum sollten Sie darauf achten, daß der Sud würzig genug schmeckt.)
• Die eingeweichte Gelatine ausdrücken, zum heißen Kochsud geben und vorsichtig verrühren, bis sich die Gelatine aufgelöst hat. Das Gemüse mit der Flüssigkeit in einen tiefen Teller füllen, mit der Tomate und der Essiggurke garnieren und im Kühlschrank in 2–3 Stunden erstarren lassen.

**Tip:** Bei der Zubereitung von mehreren Portionen können Sie die Frühlingssülze auch in eine Kastenform füllen und wie oben im Kühlschrank (am besten über Nacht) erstarren lassen. Die Sülze stürzen (dazu die Form kurz in kaltes Wasser halten) und je nach Bedarf Portionsscheiben abschneiden.

**Richtige Beilage:** 1 Partybrötchen (Rezept Seite 94) und 1 Teelöffel Butter.

**Richtige Zwischenmahlzeit:** 1 Apfelhörnchen (Rezept Seite 99).

Läßt sich gut einfrieren

## Fünfkornkörbchen mit herzhafter Füllung

Bild Seite 72

Die Teigmenge reicht für 3 Körbchen, da sich dann das Backen eher lohnt. 2 Stück können Sie ungefüllt einfrieren, das dritte mit der angegebenen Füllung gleich essen.

*Für den Teig: 80 g Fünfkorn-Getreidemischung · 30 g kalte Butter · 50 g Magerjoghurt · 1 Prise Salz*
*Für 1 Portion Füllung: 150 g Hüttenkäse · edelsüßes Paprikapulver · Salz · weißer Pfeffer, frisch gemahlen · 1 Tomate*
*Für die Förmchen: ½ Teel. Butter · 1 Teel. Weizenkeime*
Pro Körbchen mit Füllung etwa: 1435 kJ/ 345 kcal
23 g Eiweiß · 17 g Fett · 26 g Kohlenhydrate · 6 g Ballaststoffe · 26 mg Cholesterin

Vorbereitungszeit: etwa 20 Minuten
Ruhezeit: 30 Minuten
Backzeit: 5–7 Minuten
Fertigstellung: etwa 10 Minuten

- Für den Teig das Fünfkorngetreide fein mahlen und auf ein Arbeitsbrett schütten. In die Mitte eine Mulde drücken. Die Butter in Flöckchen auf dem Mehlrand verteilen. Den Joghurt und das Salz in die Mulde geben und alles rasch zu einem glatten Teig verarbeiten. 30 Minuten kühl stellen.
- Den Backofen auf 220° vorheizen.
- 3 kleine runde Förmchen von etwa 5 cm Durchmesser leicht ausfetten und mit den Weizenkeimen ausstreuen.
- Den Teig messerrückendick ausrollen und die Förmchen damit auskleiden. Den Teig mehrmals mit einer Gabel einstechen, damit sich beim Backen keine Luftblasen bilden. Die Teigkörbchen im heißen Ofen auf der oberen Schiene in 5–7 Minuten goldbraun backen.
- Die Fünfkornkörbchen aus dem Backofen nehmen, vorsichtig auf ein Gitter stürzen und auskühlen lassen.
- Inzwischen für die Füllung den Hüttenkäse mit Paprikapulver, etwas Salz und Pfeffer verrühren und pikant abschmecken. In 1 ausgekühltes Körbchen füllen.
- Die Tomate waschen, vom Stielansatz befreien und in dünne Scheiben schneiden. Die Tomatenscheiben auf dem Hüttenkäse verteilen.

**Richtige Beilage:** Salatteller mit Sanddornsauce (Rezept Seite 61) oder Blattsalat mit Essig-Öl-Sauce (von gemischten Salat auf Seite 62).

**Richtige Zwischenmahlzeit:** 150 g Banane.

# Warme Mittagsmahlzeiten

Wenn Sie mittags etwas Warmes essen wollen, finden Sie auf den folgenden Seiten viele interessante und abwechslungsreiche Vorschläge. Je nach Geschmack und Laune können Sie sich für süße Aufläufe oder pikante Eintöpfe, für feine Pfannengerichte oder Gemüsespezialitäten entscheiden. Jedes Gericht hat mit der dazugehörenden Kombination (Beilage, Zwischenmahlzeit) den gleichen Nährwertgehalt.

Schmeckt kalt auch sehr gut

## Hirseauflauf mit Joghurt-Erdbeer-Sauce

*Für den Auflauf: 25 g Hirse · 100 ccm Wasser · 1 Prise Salz · 1 Ei (Gewichtsklasse 4) · 1 Teel. Honig · 1 Teel. Zitronensaft, frisch gepreßt · Schale von ½ unbehandelten Zitrone · 1 Eßl. Sonnenblumenkerne*
*Für die Form: 1 Teel. Butter*
*Für die Sauce: 150 g Magerjoghurt · 1 Teel. Honig · 1 Teel. Zitronensaft, frisch gepreßt · 1 Messerspitze Vanillemark · 100 g Erdbeeren*
Etwa: 1700 kJ/400 kcal
20 g Eiweiß · 19 g Fett · 38 g Kohlenhydrate · 6 g Ballaststoffe · 330 mg Cholesterin

Vorbereitungszeit: etwa 45 Minuten
Backzeit: etwa 30 Minuten

- Die Hirse in einem Sieb heiß waschen, mit dem Wasser und dem Salz in einem flachen Topf zum Kochen bringen. Bei schwacher Hitze 20–25 Minuten ausquellen lassen. Den Hirsebrei kalt stellen.
- Das Ei in Eigelb und Eiweiß trennen. Das Eiweiß steif schlagen. Das Eigelb, den Honig, den Zitronensaft und die Zitronenschale zum Hirsebrei geben und alles gut verrühren. Den Eischnee darunterheben.
- Den Backofen auf 200° vorheizen.
- Eine kleine feuerfeste Form mit der Butter ausfetten. Die Hirsemischung hineingeben, mit den Sonnenblumenkernen bestreuen und im heißen Ofen auf der mittleren Schiene in etwa 30 Minuten goldbraun backen.
- Für die Sauce den Joghurt, den Honig, den Zitronensaft und das Vanillemark in einer Schüssel gut verrühren.
- Die Erdbeeren waschen, von den Stielen zupfen, in kleine Stücke schneiden oder pürieren und zur Sauce geben. Die Joghurt-Erdbeer-Sauce zum Hirseauflauf reichen.

**Variante: Hirseauflauf mit Joghurt-Frucht-Sauce**
Anstelle der Erdbeeren können Sie zum Beispiel Mandarinen, Orange oder Kirschen verwenden. Beachten Sie aber, daß Kirschen mehr Fruchtzucker und somit mehr Kalorien haben.

**Richtige Zwischenmahlzeit:** 2 Möhren oder 1 Kohlrabi.

Schmeckt kalt auch sehr gut

## Spinatquiche

Bild Umschlag-Vorderseite

Diese Quiche schmeckt so gut, daß sich die Zubereitung einer ganzen Form voll bestimmt lohnt. Sie läßt sich portionsweise gut einfrieren.

*Zutaten für 10 Portionen:*
*Für den Teig: 200 g Weizenvollkornmehl · 100 g Butter · 1 Ei (Gewichtsklasse 4) · Salz · Pfeffer, frisch gemahlen · Schale von ½ unbehandelten Zitrone*

*Für den Belag: 500 g Spinat · 1 Zwiebel · 200 g Möhren · 1 Teel. Sonnenblumenöl · ⅛ l Wasser · Salz · Pfeffer, frisch gemahlen · Knoblauchpulver · 150 g Joghurt mit 1,5% Fett · 50 g saure Sahne · 2 Eier (Gewichtsklasse 4)*
Pro Portion etwa: 820 kJ/200 kcal
7 g Eiweiß · 12 g Fett · 15 g Kohlenhydrate · 4 g Ballaststoffe · 120 mg Cholesterin

Vorbereitungszeit: etwa 30 Minuten
Backzeit: etwa 45 Minuten

- Für den Teig das Mehl auf eine Arbeitsfläche schütten. In die Mitte eine Mulde drücken und die Butter in Flöckchen, das Ei, etwas Salz und Pfeffer sowie die Zitronenschale hinzufügen. Alles rasch zu einem glatten Teig verarbeiten. Den Teig im Kühlschrank zugedeckt etwa 15 Minuten ruhen lassen.
- Inzwischen für den Belag den Spinat verlesen, gut waschen und in einem flachen Topf ohne Flüssigkeitszugabe 2–3 Minuten dünsten, dann beiseite stellen.
- Die Zwiebel schälen und kleinhacken. Die Möhren gut waschen und bürsten.
- Das Öl in einem Topf erhitzen und die gehackte Zwiebel darin glasig braten. Die Möhren raspeln, zur Zwiebel geben, mit dem Wasser aufgießen und in etwa 5 Minuten zugedeckt bei schwacher Hitze weich dünsten.
- Den Backofen auf 220° vorheizen.
- Den Teig für eine Springform von etwa 30 cm Durchmesser ausrollen. Den Boden der Form damit auslegen und den Rand ebenfalls mit Teig auskleiden. Den Boden mehrmals mit einer Gabel einstechen und auf der mittleren Schiene im heißen Backofen etwa 15 Minuten vorbacken.
- Inzwischen die Möhren mit dem Spinat vermengen und den Gemüsesaft abgießen. Mit Salz, Pfeffer und Knoblauchpulver würzen.
- Den Joghurt, die saure Sahne und die Eier in einer Schüssel verquirlen.
- Das Gemüse auf den vorgebackenen Boden verteilen mit der Joghurt-Eier-Mischung übergießen und die Quiche auf der mittleren Schiene in etwa 30 Minuten goldbraun backen.

**Tip:** Den abgegossenen Gemüsesaft können Sie zur Zubereitung der Tomatensauce verwenden. Die Sauce erhält dadurch mehr Mineralstoffe und schmeckt würziger.

**Richtige Beilage:** Tomatensauce (Rezept Seite 54) und gemischter Salat (Rezept Seite 62).

**Richtige Zwischenmahlzeit:** Sanddornjoghurt (Rezept Seite 66).

Preiswert

## Pfannkuchen, mit Kräuterquark gefüllt

*Für den Teig: 1 Eßl. Gerste, fein gemahlen · 1 Eßl. Roggen, fein gemahlen · 1 Prise Salz · etwa 3 Eßl. Mineralwasser · ½ Ei (Gewichtsklasse 4) · 1 Teel. Sonnenblumenöl*
*Für die Füllung: 100 g Magerquark · 1 Eßl. saure Sahne · ½ Bund Kräuter (Petersilie, Dill, Basilikum) · 1 Prise Salz · Pfeffer, frisch gemahlen*
Etwa: 1200 kJ/290 kcal
21 g Eiweiß · 10 g Fett · 28 g Kohlenhydrate · 5 g Ballaststoffe · 160 mg Cholesterin

Vorbereitungszeit: etwa 20 Minuten
Backzeit: etwa 15 Minuten

- Das Gersten- und das Roggenmehl mit dem Salz in eine Schüssel geben. Das Mineralwasser und das Ei hinzufügen und mit einem Schneebesen zu einem glatten Teig verrühren.

• In einer beschichteten Pfanne das Öl erhitzen. Den Teig in die Pfanne einlaufen lassen und daraus in etwa 15 Minuten einen goldbraunen Pfannkuchen backen.
• Inzwischen für die Füllung den Quark und die saure Sahne in einer Schüssel verrühren.
• Die Kräuter waschen, trockenschütteln und kleinhacken.
• Den Quark mit dem Salz und etwas Pfeffer pikant würzen und die Kräuter darunterheben. Den Pfannkuchen damit füllen, zusammenklappen und heiß servieren.

**Richtige Beilage:** gemischter Salat (Rezept Seite 62).

**Richtige Zwischenmahlzeit:** Pfirsichkaltschale (Rezept Seite 67).

Raffiniert

## Sonnenblumensoufflé

Bild nebenstehend

*2 Teel. Sonnenblumenkerne · ½ Teel. Butter · ½ Ei (Gewichtsklasse 4) · Salz · Pfeffer, frisch gemahlen · Muskatnuß, frisch gerieben*
*Für die Form: ½ Teel. Butter*
Etwa: 610 kJ/150 kcal
6 g Eiweiß · 13 g Fett · 1 g Kohlenhydrate · 1 g Ballaststoffe · 170 mg Cholesterin

Vorbereitungszeit: etwa 20 Minuten
Backzeit: etwa 20 Minuten

• Die Sonnenblumenkerne fein mahlen.
• Die Butter in einer kleinen Schüssel schaumig rühren und die Sonnenblumenkerne darunterheben.
• Den Backofen auf 250° vorheizen.
• Das Ei in Eigelb und Eiweiß trennen. Das Eiweiß steif schlagen. Das Eigelb zur Sonnenblumenkernmischung geben. Mit etwas Salz, Pfeffer und Muskat pikant würzen und anschließend den Eischnee darunterheben.
• Ein kleines Förmchen mit der Butter auspinseln und das Sonnenblumensoufflé einfüllen.
• Das Förmchen in eine mit Wasser gefüllte Bratenpfanne stellen und im vorgeheizten Backofen auf der mittleren Schiene in etwa 20 Minuten goldbraun backen.
• Das fertige Soufflé aus dem Wasserbad nehmen, kurz abstehen lassen, auf einen vorgewärmten Teller stürzen und sofort servieren.

**Tip:** Eigelb oder Eiweiß, das übrigbleibt, getrennt in ein kleines Gefäß geben, etwas Salz darüber streuen und gut zugedeckt im Kühlschrank aufbewahren. Eigelb hält sich so etwa 1 Woche, Eiweiß 2–3 Wochen.

**Richtige Beilage:** italienischer Gemüsetopf (Rezept Seite 63).

**Richtige Zwischenmahlzeit:** 1 Stück Erdbeerkuchen mit Guß (Rezept Seite 97).

Gönnen Sie sich einmal etwas Raffiniertes wie dieses Sonnenblumensoufflé. Es gelingt ganz leicht und schmeckt besonders fein mit dem italienischen Gemüsetopf. Rezept auf dieser Seite und Seite 63. ▷

Schmeckt kalt auch sehr gut

## Quark-Pflaumen-Strudel

Bild nebenstehend

Die Zutaten für den Strudelteig sollen alle die gleiche Temperatur haben.

*Für den Teig: 125 g Weizen, frisch gemahlen · 30 g Sonnenblumenöl · 3 Eßl. Wasser · ½ Ei (Gewichtsklasse 4) · 1 Prise Salz*
*Für die Füllung: ½ Teel. Butter · 4 Teel. Honig · 250 g Magerquark · 1 Teel. Zitronensaft, frisch gepreßt · 200 g Pflaumen*
*Zum Backen: ½ Teel. Butter · ¼ l Milch mit 1,5% Fett*
Bei 4 Portionen pro Portion etwa: 1300 kJ/ 310 kcal
15 g Eiweiß · 11 g Fett · 34 g Kohlenhydrate · 5 g Ballaststoffe · 47 mg Cholesterin

Vorbereitungszeit: etwa 45 Minuten
Backzeit: etwa 40 Minuten

- Für den Teig das Mehl auf eine Arbeitsfläche schütten und in die Mitte eine Mulde drücken. Das Sonnenblumenöl, das Wasser, das Ei und das Salz in die Mulde geben und alles zu einem glatten Teig verarbeiten. Den Teig so lange kneten, bis er eine feine Konsistenz hat.
- Eine Schüssel über Wasserdampf erwärmen. Den Teig in 2 Stücke teilen, jedes zu einer Kugel formen und die angewärmte Schüssel darüber stülpen. Den Strudelteig etwa 25 Minuten ruhen lassen.
- Inzwischen für die Füllung die Butter mit dem Honig glattrühren. Den Quark und den Zitronensaft hinzufügen und alles zu einer geschmeidigen Masse schlagen.
- Die Pflaumen waschen, entkernen und der Länge nach vierteln.
- Den Backofen auf 200° vorheizen. Eine Bratenpfanne oder eine rechteckige flache Auflaufform mit der Butter ausstreichen.
- Eine Teigkugel sehr dünn ausrollen, auf ein sauberes Kuchentuch legen und nochmals von allen Seiten mit den Händen sehr dünn ausziehen.
- Die Hälfte der Quarkfüllung auf den Strudelteig streichen und die Hälfte der Pflaumen darüber verteilen. Die Schmalseiten des Strudels einschlagen, den Strudel von einer breiten Seite her durch Anheben des Tuches aufrollen und in die Form heben.
- Mit dem zweiten Strudelteig ebenso verfahren.
- Die Quarkstrudel auf die mittlere Schiene des heißen Backofens schieben und in etwa 40 Minuten goldbraun backen. Während der Backzeit mehrmals mit Milch begießen.

**Tip:** Den restlichen Strudel können Sie fertig gebacken sehr gut einfrieren.

**Richtige Beilage:** Birnenkompott (Rezept Seite 67).

**Richtige Zwischenmahlzeit:** Apfel-Sellerie-Salat (Rezept Seite 62).

◁ So gelingt der Quark-Pflaumen-Strudel (von links nach rechts): Die Teigzutaten rasch verkneten. Den Teig unter der Schüssel ruhen lassen. Die Quarkfüllung cremig schlagen. Den Strudelteig sehr dünn ausziehen. Die gefüllte Platte mit Hilfe des Tuches aufrollen. Die Strudel in die vorbereitete Form legen. Rezept auf dieser Seite.

Raffiniert · Braucht etwas Zeit

## Maisfladen mit Quarksauce

Bild Seite 45

*Für den Teig: 20 g Maismehl · 20 g Roggen, frisch geschrotet · 5 g Hefe · 1½ Eßl. lauwarmes Wasser · Salz · ½ Teel. Sonnenblumenöl*
*Für den Belag: 1 Tomate (etwa 100 g) · 30 g gekochte Maiskörner · Salz · ½ Knoblauchzehe · ½ Teel. Thymian, frisch gehackt oder getrocknet · ½ Teel. Oregano, frisch gehackt oder getrocknet*
*Für die Sauce: 50 g Magerquark · 75 g Joghurt mit 1,5% Fett · 1 Teel. Kürbiskerne · 2 Basilikumblätter*
Etwa: 1600 kJ/380 kcal
19 g Eiweiß · 9 g Fett · 56 g Kohlenhydrate · 8 g Ballaststoffe · 1 mg Cholesterin

Vorbereitungszeit: 45–50 Minuten
Backzeit: 20–25 Minuten

- Für den Teig das Maismehl mit dem Roggenschrot in einer Schüssel vermischen. In die Mitte eine Mulde drücken und die Hefe hineinbröseln. Mit 1 Eßlöffel Wasser anrühren und den Vorteig bei Zimmertemperatur etwa 5 Minuten gehen lassen.
- Nachdem sich der Vorteig vergrößert hat, das zurückbehaltene Wasser, etwas Salz und das Sonnenblumenöl hinzufügen und alles zu einem glatten Teig verkneten. Den Teig zugedeckt etwa 30 Minuten gehen lassen.
- Inzwischen für den Belag die Tomate waschen, vom Stielansatz befreien, kleinschneiden und in eine Schüssel geben. Die Maiskörner hinzufügen. Mit etwas Salz, dem durchgepreßten Knoblauch und den Kräutern abschmecken.
- Den Backofen auf 200° vorheizen. Ein Backblech mit Backpapier belegen.
- Wenn der Maisteig sein Volumen verdoppelt hat, 2 Fladen daraus formen und mit dem vorbereiteten Belag bestreichen. Die Fladen auf das Blech legen und im vorgeheizten Ofen auf der mittleren Schiene 20–25 Minuten backen, bis sie sich goldbraun färben.
- Für die Sauce den Quark mit dem Joghurt in einer kleinen Schüssel glattrühren.
- Die Kürbiskerne kleinschneiden. Die Basilikumblätter waschen und hacken. Zusammen unter die Sauce heben. Die Quarksauce zu den Maisfladen reichen.

**Richtige Zwischenmahlzeit:** 1 Stück Buttermilchkuchen (Rezept Seite 97).

Raffiniert

## Tofu-Pfirsich-Toast

*2 Scheiben Vollkorntoastbrot · ½ Teel. Butter · 50 g Tofu · Salz · Pfeffer, frisch gemahlen · 1 Messerspitze Currypulver · 100 g Pfirsich · 30 g Tilsiter Käse mit 30% Fett*
Etwa: 1600 kJ/380 kcal
20 g Eiweiß · 15 g Fett · 45 g Kohlenhydrate · 4 g Ballaststoffe · 25 mg Cholesterin

Vorbereitungszeit: 10–15 Minuten
Backzeit: etwa 15 Minuten

- Die Toastbrotscheiben mit der Butter bestreichen. Den Tofu in 2 dünne Scheiben schneiden und auf die Brote legen. Mit etwas Salz, Pfeffer und dem Curry würzen. Die Toasts auf ein Backblech legen.
- Den Backofen auf 220° vorheizen.
- Den Pfirsich waschen, mit kochendheißem Wasser überbrühen, häuten und entsteinen. Das Fruchtfleisch in dünne Spalten schneiden und fächerförmig auf den Tofu verteilen. Den

Käse fein reiben und auf die Toasts streuen.
• Die Tofu-Pfirsich-Toasts im heißen Ofen auf der oberen Schiene etwa 15 Minuten überbacken, bis der Käse schmilzt und sich goldbraun färbt.

**Richtige Beilage:** Chicoréesalat mit Sesam (Rezept Seite 59).

**Richtige Zwischenmahlzeit:** 200 g Erdbeeren oder 1 Orange.

Schmeckt kalt auch sehr gut

## Tofuküchlein

*100 ccm Wasser · 15 g Buchweizengrütze · 100 g Suppengemüse (Möhre, Lauch, Knollensellerie) · 50 g Tofu · ½ Ei (Gewichtsklasse 4) · 1 Teel. Zwiebel, gehackt · 1 Teel. Vollkornbrösel · Salz · Pfeffer, frisch gemahlen · ½ Knoblauchzehe · 1 Teel. Petersilie, frisch gehackt*
*Zum Braten: 1 Teel. Sonnenblumenöl*
Etwa: 980 kJ/230 kcal
11 g Eiweiß · 10 g Fett · 13 g Kohlenhydrate · 1 g Ballaststoffe · 160 mg Cholesterin

Vorbereitungszeit: etwa 40 Minuten
Backzeit: etwa 10 Minuten

• Das Wasser zum Kochen bringen. Die Buchweizengrütze hineinrühren und in 5 Minuten bei schwacher Hitze zugedeckt ausquellen lassen.
• Inzwischen das Suppengemüse waschen und putzen, die Möhre auf einer Rohkostreibe fein reiben, den Lauch in feine Streifen schneiden, den Sellerie schälen und ebenfalls fein reiben. Das Gemüse zum Buchweizen geben und alles weitere 5 Minuten quellen lassen. Den Buchweizenbrei auskühlen lassen.
• Den Tofu mit einer Gabel zerdrücken und zusammen mit dem Ei, der gehackten Zwiebel und den Vollkornbröseln zum ausgekühlten Brei geben. Mit etwas Salz und Pfeffer, dem durchgepreßten Knoblauch und der Petersilie fein würzen. Mit feuchten Händen zwei Küchlein formen.
• Das Sonnenblumenöl in einer beschichteten Pfanne erhitzen und die Küchlein darin unter mehrmaligem Wenden in etwa 10 Minuten goldbraun braten.

**Richtige Beilage:** leichte Remouladensauce (Rezept Seite 55) und 100 g Pellkartoffeln.

**Richtige Zwischenmahlzeit:** 200 ccm naturtrüber Apfelsaft.

Schmeckt kalt auch sehr gut

## Grünkern-Gemüse-Küchlein

*100 ccm Wasser · 25 g Grünkern, frisch geschrotet · ½ Zwiebel · 100 g Suppengemüse (Knollensellerie, Möhre, Lauch) · Salz · Pfeffer, frisch gemahlen · ½ Knoblauchzehe · edelsüßes Paprikapulver · ½ Ei (Gewichtsklasse 4) · 1 Teel. Hafer-Vollkornflocken · 1 Teel. Petersilie, frisch gehackt · 1 Teel. Butter*
Etwa: 1000 kJ/240 kcal
10 g Eiweiß · 9 g Fett · 30 g Kohlenhydrate · 3 g Ballaststoffe · 170 mg Cholesterin

Vorbereitungszeit: etwa 35 Minuten
Backzeit: etwa 20 Minuten

• Das Wasser in einem flachen Topf zum Kochen bringen. Den Grünkernschrot hinzufügen und 5 Minuten bei schwacher Hitze zugedeckt quellen lassen.
• Die Zwiebel schälen und kleinhacken. Das

Suppengemüse putzen, waschen und kleinschneiden.

- Das Gemüse zusammen mit der gehackten Zwiebel zum Grünkernschrot geben und weitere 5 Minuten mitgaren.
- Den Grünkernbrei mit etwas Salz, Pfeffer, dem durchgepreßten Knoblauch und Paprikapulver pikant würzen. Vom Herd nehmen und auskühlen lassen.
- Das Ei und die Haferflocken zur ausgekühlten Grünkernmischung geben und alles gut vermengen. Die Petersilie darunterheben.
- Den Backofen auf 220° vorheizen. Ein Backblech mit Backpapier auslegen.
- Mit feuchten Händen aus dem Teig 2 Frikadellen formen und auf das Blech legen. Je 1 Butterflocke auf die Frikadellen setzen.
- Die Grünkern-Gemüse-Küchlein im heißen Ofen auf der mittleren Schiene etwa 20 Minuten backen, bis sie knusprig braun sind.

**Variante: Getreide-Gemüse-Küchlein**
Anstelle von Grünkern können Sie auch in gleicher Menge Weizen- oder Fünfkorngetreide verwenden. Die Getreideküchlein schmecken etwas milder und sind leichter verdaulich.

**Tip:** Die Küchlein lassen sich gut einfrieren. Sie können also auch eine größere Menge zubereiten.

**Richtige Beilage:** Pariser Kartoffelkugeln (Rezept Seite 56) und Karottengemüse (Rezept Seite 63).

**Richtige Zwischenmahlzeit:** 1 Glas Gemüsesaft.

Braucht etwas Zeit

## Überbackene Grünkernfrikadelle

*Für die Frikadelle: 50 g Möhre · 50 g Knollensellerie · ½ Tasse Wasser · 50 g Grünkern, frisch geschrotet · Salz · Pfeffer, frisch gemahlen · ½ Zwiebel · ½ Teel. Butter · ½ Ei (Gewichtsklasse 4) · 1 Teel. Petersilie, frisch gehackt*
*Für den Belag: 50 g Pfirsich · 10 g Edamer Käse mit 30% Fett*
Etwa: 1400 kJ/330 kcal
14 g Eiweiß · 9 g Fett · 46 g Kohlenhydrate · 7 g Ballaststoffe · 170 mg Cholesterin

Vorbereitungszeit: 25–30 Minuten
Garzeit: etwa 15 Minuten
Backzeit: etwa 10 Minuten

- Die Möhre waschen, gut bürsten und auf einer Rohkostreibe fein raspeln. Den Sellerie waschen, schälen und ebenfalls raspeln.
- Das Wasser in einem flachen Topf zum Kochen bringen. Die Gemüseraspel zusammen mit dem Grünkernschrot in das kochende Wasser geben. Mit etwas Salz und Pfeffer würzen und den Grünkernbrei zugedeckt bei schwacher Hitze etwa 15 Minuten ausquellen lassen; anschließend auskühlen lassen.
- Inzwischen die Zwiebel schälen und kleinhakken.
- Die Butter in einem flachen Topf erhitzen. Die Zwiebel kurz darin anbraten.
- Den Backofen auf 220° vorheizen.
- Das Ei mit der Zwiebel und der Petersilie unter den ausgekühlten Schrotbrei geben und alles zu einem glatten Teig verkneten. Daraus mit feuchten Händen eine Frikadelle formen und auf ein Backblech legen.

• Für den Belag den Pfirsich waschen, mit kochendheißem Wasser überbrühen, häuten, entsteinen und in feine Spalten schneiden. Den Käse fein reiben.
• Die Pfirsichscheiben fächerförmig auf die Frikadelle legen, mit dem Käse bestreuen und das Ganze im heißen Backofen auf der oberen Schiene etwa 10 Minuten überbacken, bis der Käse schmilzt.

**Richtige Beilage:** Feldsalat mit Buttermilchdressing (Rezept Seite 59).

**Richtige Zwischenmahlzeit:** 1 Stück Zucchinitorte (Rezept Seite 93).

Raffiniert

## Kohlrabischnitzel

*1 Kohlrabi (etwa 200 g) · ⅛ l Wasser · Salz · 20 g Tilsiter Käse mit 30% Fett · ½ Ei (Gewichtsklasse 4) · Muskatnuß, frisch gerieben*
*Zum Braten: ½ Teel. Sonnenblumenöl*
Etwa: 730 kJ/170 kcal
13 g Eiweiß · 10 g Fett · 9 g Kohlenhydrate · 3 g Ballaststoffe · 170 mg Cholesterin

Vorbereitungszeit: 30–35 Minuten
Backzeit: etwa 10 Minuten

• Den Kohlrabi waschen, schälen und die holzigen Stellen entfernen. Die zarten Blätter des Kohlrabis beiseite legen.
• Das Wasser mit etwas Salz zum Kochen bringen. Den Kohlrabi in das kochende Wasser geben und bei offenem Topf in 20–25 Minuten weich kochen.
• Inzwischen den Käse fein reiben und mit dem Ei in einem flachen Teller verquirlen. Den weichen Kohlrabi in etwa 2 cm dicke Scheiben schneiden.
• Das Sonnenblumenöl in einer beschichteten Pfanne erhitzen. Die Kohlrabischeiben mit Muskat und Salz würzen, in das Ei-Käse-Gemisch tauchen und im heißen Fett unter mehrmaligem Wenden in etwa 10 Minuten goldbraun backen.
• Die Kohlrabiblättchen waschen, kleinhacken und über die gebackenen Kohlrabischnitzel streuen.

**Tip:** Um Bläh- und Gärstoffe bei Kohlgemüse zu verringern, kochen Sie alle Kohlsorten bei offenem Topf.

**Richtige Beilage:** Grünkern mit Vollkornreis (Rezept Seite 58) und Kräutersauce (Rezept Seite 55).

**Richtige Zwischenmahlzeit:** Pfirsichbuttermilch (Rezept Seite 26).

Schnell · Schmeckt kalt auch sehr gut

## Gebratene Zucchinischeiben

*200 g Zucchini · 1 Teel. Zitronensaft, frisch gepreßt · 10 g Weizen, frisch gemahlen · 1 Ei (Gewichtsklasse 4) · Salz · 1 Eßl. Wasser*
*Zum Backen: 1 Teel. Sonnenblumenöl*
Etwa: 830 kJ/200 kcal
11 g Eiweiß · 12 g Fett · 11 g Kohlenhydrate · 3 g Ballaststoffe · 310 mg Cholesterin

Vorbereitungszeit: 10–15 Minuten
Bratzeit: 5–7 Minuten

• Die Zucchini waschen und in dünne Scheiben schneiden. Sofort mit dem Zitronensaft beträufeln, damit sich die Scheiben nicht verfärben.

• Das Weizenmehl auf einen Teller geben. Das Ei mit etwas Salz und dem Wasser auf einem zweiten Teller vermischen.
• Das Sonnenblumenöl in einer beschichteten Pfanne erhitzen.
• Die Zucchinischeiben zuerst im Mehl, anschließend im Eigemisch wenden und im heißen Öl bei mittlerer Hitze von beiden Seiten goldbraun braten.

**Tip:** Die gebratenen Zucchinischeiben schmekken auch kalt sehr gut. Zusammen mit einer leichten Remouladensauce (Rezept Seite 55) eignet sich dieses Gericht hervorragend für ein kaltes Vollwertbuffet.

**Variante: Gebratene Auberginenscheiben**
Verwenden Sie anstelle der Zucchini Auberginenscheiben.

**Richtige Beilage:** Frühlingsreis (Rezept Seite 58) und Kräutersauce (Rezept Seite 55).

**Richtige Zwischenmahlzeit:** 1 Glas Gemüsesaft.

Ganz einfach · Kann vorbereitet werden

## Überbackenes Tofuschnitzel

Bild Umschlag-Vorderseite

*Für Tofuschnitzel: 75 g Tofu (eine 1 cm dicke Scheibe) · Salz · Pfeffer, frisch gemahlen · ½ Knoblauchzehe · 2 Teel. Zitronensaft, frisch gepreßt · ½ Ei (Gewichtsklasse 4) · 1 Teel. Weizenkeime*
*Zum Backen: ½ Teel. Sonnenblumenöl*
*Für den Belag: 150 g Tomaten · 10 g Edamer Käse mit 30% Fett · 1 Teel. Basilikum, frisch gehackt*

Etwa: 820 kJ/200 kcal
14 g Eiweiß · 12 g Fett · 10 g Kohlenhydrate · 4 g Ballaststoffe · 160 mg Cholesterin

Marinierzeit: etwa 1 Stunde
Vorbereitungszeit: 30–35 Minuten
Backzeit: 12–15 Minuten

• Die Tofuscheibe auf einen flachen Teller legen und mit etwas Salz, Pfeffer und dem durchgepreßten Knoblauch würzen. Den Zitronensaft darüber träufeln und den Tofu etwa 1 Stunde durchziehen lassen.
• Das Sonnenblumenöl in einer beschichteten Pfanne erhitzen.
• Das Ei in einem flachen Teller verquirlen, den Tofu darin wenden, mit den Weizenkeimen bestreuen und im heißen Fett von beiden Seiten goldbraun braten.
• Für den Belag die Tomaten waschen, vom Stielansatz befreien und in sehr dünne Scheiben schneiden. Den Käse fein reiben.
• Den Backofen auf 220° vorheizen.
• Das gebratene Tofuschnitzel in eine feuerfeste Form legen. Die Tomatenscheiben darauf verteilen, mit dem gehackten Basilikum und dem Käse bestreuen.
• Das Tofuschnitzel im heißen Backofen auf der oberen Schiene 12–15 Minuten überbacken, bis der Käse schmilzt und eine goldbraune Farbe annimmt.

**Richtige Beilage:** 150 g Pellkartoffeln und Kopfsalat mit Sauerampfersauce (Rezept Seite 60).

**Richtige Zwischenmahlzeit:** 150 g Kirschen oder 100 g Banane.

Kann vorbereitet werden

### Gebratene Tofuschnitten

*100 g Tofu · Salz · Pfeffer, frisch gemahlen · ½ Knoblauchzehe · 1 Teel. Sojasauce · 10 g Weizen, frisch gemahlen · 1 Teel. Petersilie, frisch gehackt · ½ Ei (Gewichtsklasse 4)*
*Zum Braten: 1 Teel. Sonnenblumenöl*
Etwa: 830 kJ/200 kcal
12 g Eiweiß · 12 g Fett · 10 g Kohlenhydrate · 1 g Ballaststoffe · 160 mg Cholesterin

Marinierzeit: etwa 1 Stunde
Vorbereitungszeit: 5-10 Minuten
Bratzeit: etwa 10 Minuten

- Den Tofu in 2 dünne Scheiben schneiden. Mit etwas Salz, Pfeffer, dem durchgepreßten Knoblauch und der Sojasauce würzen. Etwa 1 Stunde marinieren lassen.
- Das Mehl in einen flachen Teller geben. Die Petersilie mit dem Ei in einem zweiten Teller verquirlen.
- Die Tofuscheiben zuerst in dem Mehl und anschließend im Ei-Petersilien-Gemisch wenden.
- Das Sonnenblumenöl in einer beschichteten Pfanne erhitzen. Die Tofuschnitten darin langsam (bei schwacher Hitze) unter mehrmaligem Wenden goldbraun braten.

**Tip:** Die Tofuschnitten schmecken auch kalt sehr fein und eignen sich deshalb gut für ein kaltes Buffet.

**Richtige Beilage:** Kräuterkartoffeln (Rezept Seite 56) und Grilltomate (Rezept Seite 64).

**Richtige Zwischenmahlzeit:** Erdbeergelee (Rezept Seite 65).

Ganz einfach · Preiswert

### Spinatpfannkuchen

*Für den Teig: 20 g Weizen, frisch gemahlen · 1 Ei (Gewichtsklasse 4) · 50 ccm Magermilch · 1 Prise Salz*
*Für die Füllung: 200 g Spinat · 1 Teel. Butter · 2 Teel. Zwiebel, gehackt · Salz · Muskatnuß, frisch gerieben*
*Zum Backen: ½ Teel. Sonnenblumenöl*
Etwa: 1100 kJ/260 kcal
16 g Eiweiß · 17 g Fett · 17 g Kohlenhydrate · 5 g Ballaststoffe · 330 mg Cholesterin

Vorbereitungszeit: 50-55 Minuten
Backzeit: etwa 10 Minuten

- Das Mehl mit dem Ei, der Milch und dem Salz in einer kleinen Schüssel glattrühren. Den Teig etwa 30 Minuten ruhen lassen.
- Inzwischen den Spinat waschen und verlesen.
- Die Butter in einem breiten Topf erhitzen. Die Zwiebel in der heißen Butter glasig braten.
- Den Spinat hinzufügen, mit Salz und Muskat pikant würzen. Den Spinat in 5-7 Minuten weich dünsten.
- Das Sonnenblumenöl in einer beschichteten Pfanne erhitzen. Den Pfannkuchenteig hineinlaufen lassen und unter mehrmaligem Wenden goldbraun backen.
- Den Pfannkuchen auf einen vorgewärmten Teller legen, mit dem Spinat füllen und zusammenklappen. Sofort servieren.

**Richtige Beilage:** 100 g Kräuterkartoffeln (Rezept Seite 56) und Rote-Bete-Salat (Rezept Seite 60).

**Richtige Zwischenmahlzeit:** 150 ccm ungesüßter Apfelsaft.

Kann vorbereitet werden

## Kohlrouladen mit Pilzen

*2 Weißkohlblätter · ½ Zwiebel · 100 g Möhren · ½ Teel. Butter · 15 g Roggen, frisch geschrotet · ½ Teel. getrockneter Rosmarin · Salz · Pfeffer, frisch gemahlen · edelsüßes Paprikapulver · ⅛ l Wasser · 2 Teel. Edamer Käse mit 30% Fett, frisch gerieben*
*Zum Braten: ½ Teel. Butter · ⅛ l Wasser · 200 g Egerlinge, ersatzweise Champignons · 1 Teel. Petersilie, frisch gehackt*
Etwa: 820 kJ/200 kcal
12 g Eiweiß · 8 g Fett · 19 g Kohlenhydrate · 12 g Ballaststoffe · 20 mg Cholesterin

Vorbereitungszeit: etwa 30 Minuten
Garzeit: etwa 40 Minuten

- Die Blätter vorsichtig vom Kohl ablösen und kurz in kochendem Wasser blanchieren.
- Die Zwiebel schälen und kleinhacken. Die Möhren waschen, gut bürsten und auf einer Rohkostreibe raspeln.
- Die Butter in einem flachen Topf erhitzen und die Zwiebel darin glasig braten.
- Die Möhrenraspel und den Roggenschrot hinzufügen, mit dem Rosmarin, etwas Salz, Pfeffer und Paprikapulver fein würzen, mit dem Wasser aufgießen und zugedeckt bei schwacher Hitze weich kochen.
- Den Käse unter die Füllung heben und die Masse auskühlen lassen.
- Die ausgekühlte Füllung auf die Kohlblätter verteilen. Die Blätter aufrollen und mit Küchengarn zubinden.
- In einem flachen Topf die Butter erhitzen. Die Kohlrouladen darin von allen Seiten anbräunen. Mit dem Wasser aufgießen, 1 Prise Salz hinzufügen und die Rouladen bei schwacher Hitze 30 Minuten im geschlossenen Topf schmoren.
- Die Pilze putzen, waschen, vierteln und zu den Kohlrouladen geben. Weitere 10 Minuten mitschmoren.
- Die Sauce zum Schluß mit der gehackten Petersilie verfeinern.

**Richtige Beilage:** Kartoffelschnee (Rezept Seite 57) und Juliennegemüse (Rezept Seite 64).

**Richtige Zwischenmahlzeit:** feiner Obstsalat (Rezept Seite 67).

Ganz einfach

## Lauch-Tofu-Auflauf

*200 g Lauch · 1 Teel. Butter · Salz · Pfeffer, frisch gemahlen · ⅛ l Wasser · 50 g Tofu · ½ Ei (Gewichtsklasse 4) · 2 Eßl. Magerjoghurt · etwas Muskatnuß, frisch gerieben · Zitronenkraut/Zitronenmelisse, frisch gehackt*
Etwa: 740 kJ/180 kcal
12 g Eiweiß · 10 g Fett · 10 g Kohlenhydrate · 4 g Ballaststoffe · 170 mg Cholesterin

Vorbereitungszeit: etwa 20 Minuten
Backzeit: etwa 30 Minuten

Fast wie eine Pizza sehen die kleinen Maisfladen aus ▷ und sie schmecken mit der würzigen Quarksauce auch mindestens ebenso gut. Rezept Seite 38.

- Den Lauch von welken Blättern und vom Wurzelansatz befreien, der Länge nach aufschneiden und unter fließendem Wasser gründlich waschen. Den Lauch trockentupfen und in 3 cm lange Stücke schneiden.
- Die Butter in einer Pfanne erhitzen. Die Lauchstücke hinzufügen und unter mehrmaligem Wenden anbraten. Mit Salz und Pfeffer würzen, mit dem Wasser aufgießen und bei schwacher Hitze 5 Minuten garen.
- Den Lauch in eine feuerfeste Form umfüllen.
- Den Backofen auf 200° vorheizen.
- Den Tofu, das Ei und den Joghurt im Mixer zu einer geschmeidigen Masse pürieren und mit etwas Muskat und Zitronenkraut pikant abschmecken. Die Masse auf dem Lauch verteilen.
- Den Auflauf im heißen Backofen auf der mittleren Schiene etwa 30 Minuten backen, bis sich die Haube goldbraun färbt.

**Richtige Beilage:** Frühlingsreis (Rezept Seite 58) und Champignonsauce (Rezept Seite 54).

**Richtige Zwischenmahlzeit:** Pfirsichbuttermilch (Rezept Seite 26).

◁ Das Gemüse mit Brandteighaube Schritt für Schritt (von links nach rechts): Das Gemüse vorgaren. Das Gemüse mit dem Blumenkohl in die Form füllen. Den Brandteig im Topf kräftig rühren. Den Käse daruntermischen. Den Teig auf das Gemüse spritzen. Den Auflauf goldbraun backen. Rezept auf dieser Seite.

Raffiniert · Braucht etwas Zeit

## Gemüse mit Brandteighaube

Bild nebenstehend

*50 g Aubergine · 80 g grüne Paprikaschote · 70 g Blumenkohl · ½ Teel. Butter · 1 Teel. Zwiebel, gehackt · ¼ l Wasser · Pfeffer, frisch gemahlen · edelsüßes Paprikapulver · getrockneter Oregano · Salz · ½ Bund Kräuter (Petersilie, Basilikum, Dill)*
*Für den Teig: 60 ccm Milch mit 1,5% Fett · 1 Prise Salz · ½ Teel. Butter · 20 g Weizen, frisch gemahlen · ½ Ei (Gewichtsklasse 4) · 1 Teel. Edamer Käse mit 30% Fett, frisch gerieben · 1 Messerspitze Natur-Backpulver oder Weinstein*

Etwa: 1000 kJ/240 kcal
13 g Eiweiß · 11 g Fett · 22 g Kohlenhydrate · 7 g Ballaststoffe · 180 mg Cholesterin

Vorbereitungszeit: etwa 40 Minuten
Backzeit: etwa 30 Minuten

- Die Aubergine waschen, der Länge nach halbieren und in Scheiben schneiden. Die Paprikaschote waschen, halbieren, von Rippen und Kernen befreien und in feine Streifen schneiden. Den Blumenkohl in Röschen teilen, in ein Sieb geben und mit Wasser abbrausen.
- Die Butter in einer Pfanne erhitzen. Die Zwiebel, die Auberginenscheiben und die Paprikastreifen in der Butter andünsten. Mit ⅛ l Wasser aufgießen, mit Pfeffer, Paprikapulver und Oregano würzen und etwa 10 Minuten garen.
- ⅛ l Wasser mit etwas Salz zum Kochen bringen, den Blumenkohl hineingeben und etwa 5 Minuten kochen.
- Die Röschen aus dem Salzwasser heben, mit dem übrigen Gemüse vorsichtig mischen und in eine feuerfeste Form füllen.
- Die Kräuter waschen, trockenschütteln, kleinschneiden und über das Gemüse streuen.

• Für den Brandteig die Milch, das Salz und die Butter in einem flachen Topf aufkochen.
• Das Mehl auf einmal in die kochende Milch schütten und mit einem Kochlöffel so lange rühren, bis sich am Topfboden ein weißes Häutchen bildet und der Teig sich zu einem Kloß formt. Den Teig in eine Schüssel geben und auskühlen lassen.
• Den Backofen auf 200° vorheizen.
• In den ausgekühlten Teig das Ei geben und so lange rühren, bis sich eine einheitliche Masse bildet. Den Käse und das Backpulver oder den Weinstein unter den Teig heben.
• Den Teig mit einem Spritzbeutel auf dem Gemüse verteilen. Den Auflauf in den Ofen auf die mittlere Schiene schieben und etwa 30 Minuten backen, bis sich die »Haube« goldbraun färbt.

**Tip:** Das Gericht schmeckt ganz vorzüglich. Damit sich der Arbeitsaufwand lohnt, können Sie die doppelte Menge zubereiten, eine Hälfte einfrieren und später kurz aufbacken.

**Richtige Beilage:** gemischter Salat (Rezept Seite 62).

**Richtige Zwischenmahlzeit:** Apfel-Roggen-Gratin (Rezept Seite 68).

Preiswert

## Rosenkohl, gratiniert

*200 g Rosenkohl · 1 Teel. Butter · ½ kleine Zwiebel · Salz · Muskatnuß, frisch gerieben · Pfeffer, frisch gemahlen · ⅛ l Wasser · 1 Tomate (etwa 100 g) · 15 g Hafergrütze*
Etwa: 810 kJ/190 kcal
13 g Eiweiß · 6 g Fett · 22 g Kohlenhydrate · 12 g Ballaststoffe · 12 mg Cholesterin

Vorbereitungszeit: etwa 25 Minuten
Backzeit: etwa 10 Minuten

• Den Rosenkohl waschen, welke Blätter und die Stielenden entfernen. Die Röschen am Stiel kreuzweise einschneiden.
• Die Butter in einem flachen Topf erhitzen. Die Zwiebel schälen, hacken und in der Butter glasig braten.
• Den Rosenkohl hinzufügen, von allen Seiten anbraten und mit Salz, Muskat sowie etwas Pfeffer würzen. Das Gemüse mit dem Wasser aufgießen und in 15–20 Minuten weich dünsten.
• Die Tomate waschen, vom Stielansatz befreien und in dünne Scheiben schneiden.
• Den Backofen auf 250° vorheizen.
• In einer beschichteten Pfanne die Hafergrütze ohne Fettzugabe unter ständigem Wenden bräunen.
• Den gekochten Rosenkohl mit dem Gemüsesaft in eine feuerfeste Form geben. Die Tomatenscheiben darüber schichten und mit der Hafergrütze bestreuen. Das Gericht im heißen Ofen auf der oberen Schiene in etwa 10 Minuten goldbraun gratinieren.

**Tip:** Anstelle von Hafergrütze können Sie auch Buchweizengrütze verwenden.

**Richtige Beilage:** Petersilienreis (Rezept Seite 58).

**Richtige Zwischenmahlzeit:** überbackene Grapefruit (Rezept Seite 68).

Ganz einfach · Raffiniert

## Mangold, mit Parmesan überbacken

*200 g Mangold · 150 g Champignons · 1 Teel. Butter · 2 Teel. Zwiebel, gehackt · Salz · Pfeffer, frisch gemahlen · ½ Knoblauchzehe · 10 g Parmesankäse mit 35% Fett, frisch gerieben*
Etwa: 620 kJ/150 kcal
12 g Eiweiß · 8 g Fett · 8 g Kohlenhydrate · 8 g Ballaststoffe · 19 mg Cholesterin

Vorbereitungszeit: etwa 25 Minuten
Backzeit: 15-20 Minuten

- Den Mangold verlesen, gut waschen, abtropfen lassen und die Blätter vierteln. Die Champignons ebenfalls putzen, waschen und in dünne Scheiben schneiden.
- Die Butter in einer Pfanne erhitzen. Die gehackte Zwiebel darin glasig braten.
- Die Mangoldblätter und die Champignonscheiben zur Zwiebel geben und leicht anbraten, dann im geschlossenen Topf bei schwacher Hitze etwa 7 Minuten dünsten.
- Den Backofen auf 220° vorheizen.
- Das Gemüse mit Salz, Pfeffer und dem durchgepreßten Knoblauch pikant abschmekken und in eine feuerfeste Form geben. Mit dem Parmesankäse bestreuen.
- Das Gericht im heißen Ofen auf der oberen Schiene 15-20 Minuten überbacken, bis der Käse schmilzt und sich goldbraun färbt.

**Richtige Beilage:** Schnittlauchkartoffeln (Rezept Seite 56).

**Richtige Zwischenmahlzeit:** 1 Apfel (etwa 100 g).

Braucht etwas Zeit

## Fünfkorngemüse auf Brunnenkressesauce

Bild Umschlag-Vorderseite

*40 g Fünfkorn-Getreidemischung (Weizen, Roggen, Gerste, Buchweizen, Hirse) · ⅛ l Wasser · 100 g Möhren · 50 g Knollensellerie · ½ Stange Lauch · ½ kleine Zwiebel · 1 Teel. Butter · ⅛ l Gemüsebrühe · Salz · Pfeffer, frisch gemahlen · edelsüßes Paprikapulver*
*Für die Sauce: ⅛ l Gemüsebrühe · 50 g saure Sahne · 150 g Magerjoghurt · 10 g Brunnenkresse, ersatzweise Gartenkresse · ½ Ei (Gewichtsklasse 4)*
Etwa: 1630 kJ/390 kcal
19 g Eiweiß · 15 g Fett · 42 g Kohlenhydrate · 11 g Ballaststoffe · 190 mg Cholesterin

Quellzeit: etwa 12 Stunden (über Nacht)
Vorbereitungszeit: etwa 20 Minuten
Garzeit: 40-45 Minuten

- Das Fünfkorngetreide über Nacht in dem Wasser einweichen.
- Das Getreide mit dem Einweichwasser zum Kochen bringen und in etwa 30 Minuten zugedeckt bei mittlerer Hitze weich kochen.
- Die Möhren gut waschen, schälen oder bürsten und in dünne Scheiben schneiden. Den Sellerie waschen, schälen und in Stifte schneiden. Den Lauch putzen, von welken Blättern und dem Wurzelansatz befreien, der Länge nach aufschneiden und unter fließendem Wasser gründlich waschen. Den Lauch in dünne Scheiben schneiden. Die Zwiebel schälen und kleinhacken.
- Das Getreide abgießen und abtropfen lassen.
- Die Butter in einem Topf erhitzen. Die gehackte Zwiebel darin glasig braten.

• Das Gemüse zusammen mit dem Getreide in der Butter andünsten. Mit der Gemüsebrühe aufgießen und mit etwas Salz, Pfeffer und Paprikapulver würzen. Das Fünfkorngemüse 10-15 Minuten garen.
• Für die Sauce die Gemüsebrühe in einem kleinen Topf zum Kochen bringen. Die saure Sahne und den Joghurt hinzufügen und eindikken lassen.
• Die Brunnenkresse waschen, trockenschütteln, kleinschneiden und zur Sauce geben.
• Das Ei 6 Minuten kochen, schälen und ½ Ei zusammen mit dem Fünfkorngemüse und der Kressesauce auf einem vorgewärmten Teller anrichten. (Die zweite Eihälfte anderweitig verwenden.)

**Richtige Zwischenmahlzeit:** 1 Pfirsich oder 1 Orange.

Ganz einfach · Preiswert

## Tofueintopf »Pichelsteiner«

*100 g Blumenkohl · 80 g Kartoffeln · 50 g Lauch · 50 g Tofu · ½ kleine Zwiebel · 1 Teel. Sonnenblumenöl · Salz · Pfeffer, frisch gemahlen · Kümmel · edelsüßes Paprikapulver · Knoblauchpulver · ⅛ l Wasser · 1 Teel. Petersilie, frisch gehackt*
Etwa: 780 kJ/190 kcal
9 g Eiweiß · 8 g Fett · 20 g Kohlenhydrate · 7 g Ballaststoffe · 0 mg Cholesterin

Vorbereitungszeit: etwa 20 Minuten
Garzeit: 15-20 Minuten

• Den Blumenkohl putzen und den Strunk entfernen. Den Kohl in Röschen teilen und gut waschen. Die Kartoffeln schälen, waschen und in 1 cm große Würfel schneiden. Den Lauch von welken Blättern und vom Wurzelansatz befreien, der Länge nach aufschneiden und unter fließendem Wasser gründlich abspülen. Den Lauch in kleine Stücke schneiden.
• Den Tofu in etwa 1 cm dicke Würfel teilen. Die Zwiebel schälen und hacken.
• Das Sonnenblumenöl in einem Topf erhitzen. Die Zwiebel hinzufügen und glasig braten.
• Das Gemüse, die Kartoffel- und die Tofuwürfel hinzufügen. Mit Salz, etwas Pfeffer, Kümmel, Paprikapulver und Knoblauchpulver pikant würzen. Mit dem Wasser aufgießen und alles 15-20 Minuten zugedeckt bei schwacher Hitze garen.
• Den Eintopf auf einem vorgewärmten Teller anrichten und mit der Petersilie bestreuen.

**Richtige Beilage:** grüner Salat mit Joghurtdressing (Rezept Seite 61).

**Richtige Zwischenmahlzeit:** 1 Portion Apfelstrudel (Rezept Seite 98).

Braucht etwas Zeit

## Gemüse mit Sojabohnen

*40 g gelbe Sojabohnen · 200 g Paprikaschoten (grün und rot) · 100 g Broccoli · ½ kleine Zwiebel · 1 Teel. Butter · ⅛ l Wasser · Salz · Pfeffer, frisch gemahlen · Muskatnuß, frisch gerieben · 1 Bund Dill*
Etwa: 1200 kJ/290 kcal
21 g Eiweiß · 12 g Fett · 12 g Kohlenhydrate · 13 g Ballaststoffe · 12 mg Cholesterin

Quellzeit: etwa 12 Stunden (über Nacht)
Garzeit: 2 Stunden
Fertigstellung: etwa 20 Minuten

• Die Sojabohnen über Nacht in reichlich kaltem Wasser quellen lassen.
• Nach der Quellzeit das Einweichwasser abgießen und die Sojabohnen in einem Sieb unter fließendem Wasser gut abspülen. Die Sojabohnen dann mit etwas frischem Wasser in 2 Stunden zugedeckt bei schwacher Hitze weich kochen.
• In der Zwischenzeit die Paprikaschoten waschen, von weißen Rippen und Kernen befreien und in schmale Streifen schneiden. Den Broccoli waschen, vom Strunk und großen Blättern befreien und in Röschen teilen. Die Zwiebel schälen und kleinhacken.
• Die Butter in einem großen flachen Topf erhitzen. Die Zwiebel darin glasig braten. Das vorbereitete Gemüse hinzufügen. Mit dem Wasser aufgießen, mit Salz, Pfeffer und etwas Muskat pikant würzen und im geschlossenen Topf bei schwacher Hitze in 15 Minuten weich kochen.
• Den Dill waschen, trockenschütteln und kleinschneiden. Die gegarten Sojabohnen zum Gemüse geben, alles vermengen und mit dem Dill bestreuen.

**Tip:** Sie können Zeit sparen, wenn Sie die Sojabohnen im Schnellkochtopf garen; das dauert nur etwa 20 Minuten.

**Richtige Beilage:** gemischter Salat (Rezept Seite 62).

**Richtige Zwischenmahlzeit:** 1 Apfel oder 1 Birne.

Ganz einfach · Preiswert

## Bunte Kartoffelpfanne

Bild 2. Umschlagseite

*100 g Kartoffeln · 100 g grüne Bohnen · Salz · 200 g Tomaten · 1 Teel. Butter · Pfeffer, frisch gemahlen · Muskatnuß, frisch gerieben · 1 Ei (Gewichtsklasse 4) · 150 g Magerjoghurt · ½ Bund Schnittlauch*

Etwa: 1300 kJ/310 kcal
19 g Eiweiß · 11 g Fett · 34 g Kohlenhydrate · 10 g Ballaststoffe · 330 mg Cholesterin

Vorbereitungszeit: etwa 40 Minuten
Bratzeit: etwa 10 Minuten

• Die Kartoffeln waschen, dann mit der Schale über wenig kochendem Wasser im Dämpfeinsatz in etwa 25 Minuten weich dämpfen.

Zum Dämpfen von Kartoffeln und Gemüse gibt es spezielle Dämpftöpfe, aber auch Siebeinsätze, die in normale Kochtöpfe passen.

• Währenddessen die Bohnen waschen, von Spitzen und Enden befreien, notfalls zerkleinern und in wenig Salzwasser in 20–30 Minuten weich kochen.
• Die Tomaten waschen, vom Stielansatz befreien und in dünne Scheiben schneiden.

• Die garen Kartoffeln schälen und in Scheiben schneiden. Die Bohnen abgießen.
• Die Butter in einer Pfanne erhitzen. Die Kartoffelscheiben, die Bohnen und die Tomatenscheiben in die Pfanne schichten und mit etwas Salz, Pfeffer und Muskat pikant würzen.
• Das Ei mit dem Joghurt vermengen, in die Pfanne gießen und stocken lassen.
• Den Schnittlauch waschen, trockenschütteln, kleinschneiden und über die Kartoffelpfanne streuen.

**Richtige Beilage:** Endiviensalat (Rezept Seite 61).

**Richtige Zwischenmahlzeit:** Geleefrüchte (Rezept Seite 66).

Ganz einfach · Kann vorbereitet werden

## Grünkern-Champignon-Auflauf

Wenn Sie den Grünkern über Nacht mit Wasser bedeckt einweichen, verkürzt sich die Garzeit um etwa die Hälfte und der Grünkern wird bekömmlicher.

*50 g Grünkern · 100 ccm Wasser · Salz · Pfeffer, frisch gemahlen · Thymian, frisch gehackt · ½ Knoblauchzehe · 100 g Champignons · ½ Teel. Sonnenblumenöl · 1 Teel. Zwiebel, gehackt · 1 Teel. Petersilie, frisch gehackt · 1 Teel. Goudakäse mit 30% Fett, frisch gerieben Für die Form: ½ Teel. Butter*
Etwa: 1100 kJ/260 kcal
10 g Eiweiß · 8 g Fett · 36 g Kohlenhydrate · 4 g Ballaststoffe · 10 mg Cholesterin

Vorbereitungszeit: etwa 30 Minuten
Backzeit: etwa 30 Minuten

• Den Grünkern im Sieb kalt abbrausen, dann mit dem Wasser zum Kochen bringen und bei schwacher Hitze etwa 20 Minuten garen. Anschließend mit Salz, etwas Pfeffer, Thymian und dem durchgepreßten Knoblauch pikant würzen.
• Die Champignons putzen, waschen und in dünne Scheiben schneiden.
• Das Sonnenblumenöl in einer Pfanne erhitzen. Die Zwiebel darin glasig braten. Die Pilze dazugeben und 5–7 Minuten garen.
• Eine Auflaufform ausfetten. Den Backofen auf 200° vorheizen.
• Die Hälfte der Grünkernmasse in die Form füllen. Die Pilze und die Petersilie darübergeben und mit der restlichen Grünkernmasse bedekken. Mit dem geriebenen Käse bestreuen.
• Den Auflauf im vorgeheizten Backofen auf die mittlere Schiene schieben und etwa 30 Minuten backen, bis die Oberfläche leicht gebräunt ist.

**Richtige Beilage:** grüner Salat mit Joghurtdressing (Rezept Seite 61).

**Richtige Zwischenmahlzeit:** 1 Stück Hefezopf (Rezept Seite 100).

Schnell · Ganz einfach

## Griechische Tomaten

*2 Tomaten (200 g) · 50 g Schafkäse mit 45% Fett · 1 Teel. Zwiebel, gehackt · ½ Knoblauchzehe · Salz · Pfeffer, frisch gemahlen · 3 Basilikumblätter*
Etwa: 710 kJ/170 kcal
10 g Eiweiß · 11 g Fett · 7 g Kohlenhydrate · 4 g Ballaststoffe · 0 mg Cholesterin

Vorbereitungszeit: etwa 10 Minuten
Grillzeit: etwa 15 Minuten

- Die Tomaten waschen und einen Deckel abschneiden.
- Den Grill oder den Backofen auf 250° vorheizen.
- Den Schafkäse kleinhacken und auf die Tomaten streuen. Mit der Zwiebel, der durchgepreßten Knoblauchzehe, etwas Salz und Pfeffer würzen und die Deckel der Tomaten wieder aufsetzen.
- Die Tomaten im heißen Grill oder Backofen so lange garen, bis der Käse schmilzt und leicht goldbraun wird. Mit den Basilikumblättern anrichten.

**Richtige Beilage:** Petersilienreis (Rezept Seite 58) und Kräutersauce (Rezept Seite 55).

**Richtige Zwischenmahlzeit:** Melone mit Haube (Rezept Seite 66).

Ganz einfach

## Vollkornnudeln mit Gemüse-Tofu-Sauce

*Für die Sauce: 50 g rote Paprikaschote · ¼ Salatgurke · 1 Tomate · 1 Teel. Butter · ½ kleine Zwiebel · 30 g Tofu · Salz · Pfeffer, frisch gemahlen · Knoblauchpulver · 1 Teel. getrockneter Oregano · ⅛ l Wasser · 1 Teel. Petersilie, frisch gehackt*
*Für die Nudeln: ½ l Wasser · Salz · 50 g Vollkornnudeln*
Etwa: 1200 kJ/290 kcal
12 g Eiweiß · 8 g Fett · 42 g Kohlenhydrate · 9 g Ballaststoffe · 12 mg Cholesterin

Vorbereitungszeit: 15–20 Minuten
Garzeit: etwa 15 Minuten

- Für die Sauce das Gemüse waschen. Die Paprikaschote von Kernen und weißen Rippen befreien und in dünne Streifen schneiden. Die Salatgurke schälen, der Länge nach halbieren und mit einem Kaffeelöffel die Kerne herauskratzen. Die Gurke in dünne Scheiben schneiden. Die Tomate vom Stielansatz befreien und kleinschneiden.
- Die Butter in einem flachen Topf erhitzen. Die Zwiebel schälen, kleinhacken und in der Butter glasig braten.
- Den Tofu in kleine Würfel schneiden und zusammen mit dem vorbereiteten Gemüse zur Zwiebel geben. Unter mehrmaligem Wenden von allen Seiten leicht anbraten. Mit Salz, Pfeffer, Knoblauchpulver und dem Oregano pikant würzen und mit dem Wasser aufgießen. Die Sauce bei schwacher Hitze im geschlossenen Topf etwa 15 Minuten kochen lassen.
- Inzwischen für die Nudeln das Wasser mit etwas Salz zum Kochen bringen. Die Nudeln hineingeben und im sprudelnden Wasser in etwa 10 Minuten bißfest kochen.
- Die Nudeln in einem Sieb abtropfen lassen und auf einem vorgewärmten Teller anrichten. Die Sauce mit der Petersilie bestreuen und über die Vollkornnudeln verteilen.

**Richtige Beilage:** Salatteller mit Sanddornsauce (Rezept Seite 61).

**Richtige Zwischenmahlzeit:** 100 g Dickmilch.

# Feine Saucen

Viele Hauptgerichte, vor allem aus Getreideprodukten, lassen sich nicht nur durch Beilagen, sondern auch mit feinen kalorienarmen Saucen vorzüglich ergänzen. Die folgenden Saucen bringen Farbe und machen die Gerichte noch abwechslungsreicher.

Schnell

## Champignonsauce

*50 g Champignons · 1 Teel. Zitronensaft, frisch gepreßt · ½ kleine Zwiebel · 1 Teel. Butter · ⅛ l Gemüsebrühe · 1 Teel. Buchweizen, frisch gemahlen · Salz · Pfeffer, frisch gemahlen · etwas Knoblauchpulver · 1 Teel. saure Sahne · 1 Teel. Petersilie, frisch gehackt*
Etwa: 380 kJ/90 kcal
4 g Eiweiß · 6 g Fett · 7 g Kohlenhydrate · 2 g Ballaststoffe · 14 mg Cholesterin

Vorbereitungszeit: etwa 10 Minuten
Garzeit: etwa 10 Minuten

- Die Pilze putzen, waschen und in dünne Scheiben schneiden. Sofort mit dem Zitronensaft beträufeln, damit sie nicht braun werden.
- Die Zwiebel schälen und fein hacken. Die Butter in einem kleinen Topf erhitzen und die Zwiebel darin glasig braten.
- Die Pilze zu den Zwiebeln geben und von allen Seiten anbraten. Mit der Gemüsebrühe aufgießen und im geschlossenen Topf 5 Minuten bei schwacher Hitze garen.
- Das Buchweizenmehl mit etwas Wasser anrühren, in die Champignonsauce einlaufen und unter Rühren etwa 5 Minuten ausquellen lassen.
- Die fertige Sauce mit etwas Salz, Pfeffer und Knoblauchpulver würzen und mit der sauren Sahne sowie der Petersilie verfeinern.

Raffiniert

## Tofusauce mit Joghurt

*40 g Tofu · 75 g Magerjoghurt · Salz · weißer Pfeffer, frisch gemahlen · ½ Teel. Butter · ½ kleine Zwiebel · 100 ccm Wasser*
Etwa: 360 kJ/90 kcal
6 g Eiweiß · 5 g Fett · 6 g Kohlenhydrate · 1 g Ballaststoffe · 8 mg Cholesterin

Zubereitungszeit: 15–20 Minuten

- Den Tofu mit dem Joghurt, etwas Salz und Pfeffer in einem Mixer fein pürieren.
- Die Butter in einem kleinen Topf erhitzen. Die Zwiebel schälen, kleinhacken und in der Butter glasig braten.
- Die Tofumasse zu den Zwiebelwürfeln geben. Die Sauce mit dem Wasser aufgießen und im geschlossenen Topf in 5–8 Minuten bei schwacher Hitze ausquellen lassen.

Ganz einfach

## Tomatensauce

Bild Umschlag-Vorderseite

*100 g Tomate · ½ kleine Zwiebel · 1 Teel. Sonnenblumenöl · ⅛ l Wasser · Salz · Pfeffer, frisch gemahlen · ½ Knoblauchzehe · 1 Teel. Weizen, frisch gemahlen · 1 Teel. saure Sahne · 1 Teel. Petersilie, frisch gehackt*
Etwa: 410 kJ/100 kcal
3 g Eiweiß · 6 g Fett · 9 g Kohlenhydrate · 3 g Ballaststoffe · 2 mg Cholesterin

Vorbereitungszeit: etwa 10 Minuten
Garzeit: 10–15 Minuten

- Die Tomate waschen und kleinschneiden, dabei den Stielansatz entfernen. Die Zwiebel schälen und hacken.
- Das Öl in einem flachen Topf erhitzen und die Zwiebel darin goldbraun braten. Die kleingeschnittene Tomate hinzufügen und unter Rühren andünsten. Mit etwas Wasser aufgießen. Mit Salz, etwas Pfeffer und dem durchgepreßten Knoblauch pikant würzen.
- Das Mehl mit dem restlichen Wasser anrühren, in die Tomatensauce einlaufen und unter Rühren in 10–15 Minuten ausquellen lassen.
- Die Sauce durch ein Sieb passieren. Mit der sauren Sahne und der Petersilie verfeinern.

Ganz einfach

## Kräutersauce

*1 Teel. Butter · 1 Teel. Zwiebel, gehackt · 10 g Weizen, frisch gemahlen · ⅛ l Wasser · 1 Teel. saure Sahne · 2 Teel. Kräuter (Petersilie, Dill, Schnittlauch), frisch gehackt · 1 Teel. Zitronensaft, frisch gepreßt · Salz*
Etwa: 350 kJ/85 kcal
2 g Eiweiß · 5 g Fett · 8 g Kohlenhydrate · 1 g Ballaststoffe · 14 mg Cholesterin

Vorbereitungszeit: etwa 8 Minuten
Garzeit: 10–12 Minuten

- Die Butter in einem flachen Topf erhitzen und die Zwiebel darin glasig braten. Das Mehl hinzufügen und unter Rühren, hell anschwitzen. Mit dem Wasser aufgießen und gut verrühren. Die Sauce 10–12 Minuten bei schwacher Hitze unter Rühren ausquellen lassen.
- Die Sauce mit der sauren Sahne sämig rühren. Die Kräuter mit dem Zitronensaft und etwas Salz hinzufügen.

**Variante: Dillsauce oder Sauerampfersauce**
Anstelle der gemischten Kräuter können Sie in gleicher Menge frischen Dill oder Sauerampfer verwenden.

**Tip:** Wenn Sie die Kräuter in die Sauce geben, darf diese nicht mehr kochen, sonst färben sich die Kräuter braun und verlieren einen Teil ihrer Wertstoffe.

Schnell

## Leichte Remouladensauce

*50 g Magerquark · 75 g Joghurt mit 1,5% Fett · Salz · 1 Teel. natriumarmer Senf · ½ Ei (Gewichtsklasse 4), hartgekocht · 1 Teel. Kapern · 1 Gewürzgurke · 1 Teel. Schnittlauch, frisch kleingeschnitten*
Etwa: 550 kJ/130 kcal
14 g Eiweiß · 5 g Fett · 8 g Kohlenhydrate · 0 g Ballaststoffe · 160 mg Cholesterin

Zubereitungszeit: etwa 10 Minuten

- Den Quark mit dem Joghurt, etwas Salz und dem Senf in einer kleinen Schüssel glattrühren.
- Die hartgekochte Eihälfte, die Kapern und die Gewürzgurke kleinschneiden und unter die Quark-Joghurt-Sauce heben.
- Die Remouladensauce in ein Glasschälchen füllen und mit dem Schnittlauch garnieren.

# Reizvolle Beilagen

Beilagen sind als Ergänzung eines Hauptgerichtes sehr wichtig. Gemeint sind nicht nur Kartoffeln, Reis und Salate. Auch die verschiedensten Gemüsesorten, Sojaprodukte und Getreidebeilagen runden eine gute Mahlzeit geschmacklich und nährstoffmäßig ab.

Preiswert · Schnell

## Kräuterkartoffeln

Kartoffeln sind in einer Reduktionskost ein wichtiger Bestandteil, da sie sehr viel Kalium enthalten und dadurch ausschwemmend wirken.

*80 g Kartoffeln · etwas Salz · 1–2 Teel. beliebige Kräuter, frisch gehackt*
Etwa: 250 kJ/60 kcal
2 g Eiweiß · 0 g Fett · 13 g Kohlenhydrate · 3 g Ballaststoffe · 0 mg Cholesterin

Vorbereitungszeit: etwa 5 Minuten
Garzeit: 10–15 Minuten

- Die Kartoffel schälen, waschen, halbieren oder in Würfel schneiden und in wenig Salzwasser bei schwacher Hitze in 10–15 Minuten zugedeckt weich kochen.
- Noch eventuell vorhandenes Kochwasser abgießen. Die Petersilie waschen, trockenschütteln, kleinhacken und über die Kartoffelstücke streuen.

**Tip:** Geschälte Kartoffeln nie im Wasser liegen lassen, da sie sonst wertvolle Mineralstoffe verlieren.

Preiswert

## Pariser Kartoffelkugeln

*Etwa 2 Kartoffeln · 1 Prise Salz · 1 Teel. Petersilie, frisch gehackt*
Etwa: 310 kJ/75 kcal
3 g Eiweiß · 0 g Fett · 16 g Kohlenhydrate · 3 g Ballaststoffe · 0 mg Cholesterin

Vorbereitungszeit: 10–12 Minuten
Garzeit: etwa 10 Minuten

- Die Kartoffeln schälen, waschen und mit einem Kartoffelausstecher Kugeln ausstechen. 100 g abwiegen.
- In einem Topf etwas Wasser mit dem Salz zum Kochen bringen. Die Kartoffelkugeln darin bei schwacher Hitze zugedeckt in etwa 10 Minuten weich kochen.
- Das Kartoffelwasser abgießen. Die Kartoffelkugeln mit der Petersilie bestreuen.

**Tip:** Die Reste der Kartoffeln können Sie für Kartoffelschnee (Rezept auf der folgenden Seite) verwenden.

Preiswert · Ganz einfach

## Schnittlauchkartoffeln

*200 ccm Wasser · Salz · 100 g Kartoffeln · 2 Teel. Schnittlauch, frisch kleingeschnitten · ½ Teel. Butter*
Etwa: 410 kJ/100 kcal
3 g Eiweiß · 3 g Fett · 16 g Kohlenhydrate · 3 g Ballaststoffe · 8 mg Cholesterin

Vorbereitungszeit: etwa 10 Minuten
Garzeit: 15–20 Minuten

- Das Wasser mit etwas Salz zum Kochen bringen.
- Die Kartoffeln schälen, waschen und vierteln. Die Kartoffelstücke in das kochende Wasser geben und bei schwacher Hitze im geschlossenen Topf in 15-20 Minuten weich kochen.
- Die Kartoffeln abgießen. Den Schnittlauch zusammen mit der Butter auf die heißen Kartoffeln geben.

Preiswert · Braucht etwas Zeit

## Ofenkartoffel mit Quarkdip

*1 Kartoffel (etwa 100 g) · ½ Teel. Sonnenblumenöl*
*Für den Dip: 50 g Magerquark · 1 Teel. Kräuter (Petersilie, Schnittlauch, Dill), frisch gehackt · Salz · Knoblauchpulver*
Etwa: 570 kJ/140 kcal
9 g Eiweiß · 4 g Fett · 18 g Kohlenhydrate · 3 g Ballaststoffe · 1 mg Cholesterin

Vorbereitungszeit: etwa 10 Minuten
Garzeit: 45-50 Minuten

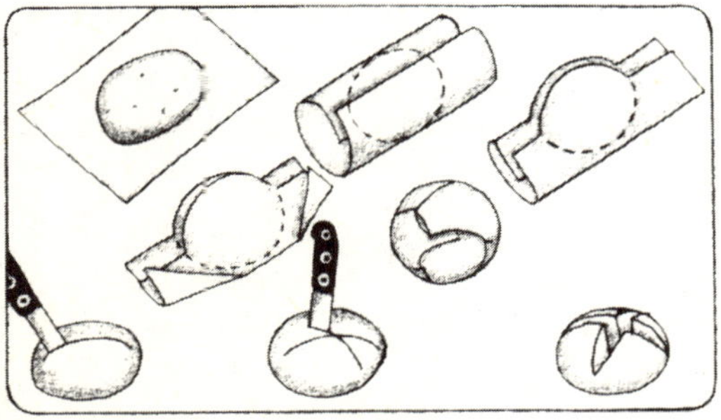

Die Kartoffeln locker in die Alufolie einpacken und die Öffnungen gut zufalten. Nach dem Backen wird die Folie oben kreuzweise eingeschnitten.

- Die Kartoffel gründlich waschen und bürsten. Den Backofen auf 220° vorheizen.
- Ein ausreichend großes Stück Alufolie mit dem Sonnenblumenöl einpinseln. Die Kartoffel damit locker einpacken und die Folie so zufalten, daß sie anschließend leicht zu öffnen ist.
- Das Päckchen auf ein Backblech legen und die Kartoffel im heißen Ofen auf der mittleren Schiene 45-50 Minuten garen.
- Inzwischen für den Dip den Quark mit den Kräutern, etwas Salz und Knoblauchpulver in einer Schüssel gut verrühren und abschmecken.
- Die Alufolie vorsichtig öffnen. Die Kartoffel mit einem spitzen Messer oben einschneiden und den Dip darübergeben.

**Tip:** Bevor Sie die Kartoffel aus dem Ofen nehmen, stechen Sie sie durch die Alufolie mit einem Holzstäbchen an, um zu prüfen, ob sie weich genug ist.

Ganz einfach · Preiswert

## Kartoffelschnee

*100 g Kartoffeln · 1 Prise Salz · 1 Teel. Butter*
Etwa: 450 kJ/110kcal
2 g Eiweiß · 5 g Fett · 15 g Kohlenhydrate · 3 g Ballaststoffe · 12 mg Cholesterin

Garzeit: etwa 20 Minuten
Fertigstellung: etwa 10 Minuten

- Die Kartoffeln waschen, dann mit der Schale in wenig Wasser bei schwacher Hitze in etwa 20 Minuten zugedeckt weich kochen.
- Die Kartoffeln schälen und durch eine Kartoffelpresse drücken. Die lockere Masse mit dem Salz und der Butter verfeinern.

Ganz einfach

## Frühlingsreis

*30 g Naturreis · 100 ccm Wasser · 50 g rote Paprikaschote · 50 g grüne Paprikaschote · 100 g Stangensellerie · Salz · edelsüßes Paprikapulver · 1 Teel. Petersilie, frisch gehackt*
Etwa: 620 kJ/150 kcal
5 g Eiweiß · 2 g Fett · 30 g Kohlenhydrate · 6 g Ballaststoffe · 0 mg Cholesterin

Vorbereitungszeit: etwa 15 Minuten
Garzeit: 30–35 Minuten

- Den Reis in einem Sieb waschen, mit dem Wasser in einem flachen Topf zum Kochen bringen und zugedeckt bei schwacher Hitze etwa 15 Minuten garen.
- Die Paprikaschoten waschen, die weißen Rippen und Kerne entfernen und das Fruchtfleisch in kleine Würfel schneiden. Den Stangensellerie putzen, ebenfalls waschen und in ½ cm breite Stücke schneiden.
- Das Gemüse nach den 15 Minuten zum Reis geben. Mit wenig Salz und etwas Paprikapulver würzen und zusammen in weiteren 15–20 Minuten im geschlossenen Topf weich kochen.
- Die Petersilie über den Frühlingsreis streuen.

Läßt sich gut einfrieren

## Petersilienreis

*20 g Naturreis · ½ Zwiebel · 1 Lorbeerblatt · 1 Nelke · 60 ccm Wasser · Salz · 1 Teel. Petersilie, frisch gehackt*
Etwa: 360 kJ/90 kcal
3 g Eiweiß · 1 g Fett · 18 g Kohlenhydrate · 3 g Ballaststoffe · 0 mg Cholesterin

Vorbereitungszeit: etwa 5 Minuten
Garzeit: 20–25 Minuten

- Den Reis in einem Sieb waschen. Die Zwiebel schälen und das Lorbeerblatt mit der Nelke daran befestigen.
- Den Reis mit dem Wasser, der »Spickzwiebel« sowie etwas Salz zum Kochen bringen und nach dem Aufkochen 20–25 Minuten zugedeckt bei schwacher Hitze garen.
- Die Spickzwiebel entfernen. Den Reis mit der Petersilie bestreuen.

Schnell

## Grünkern mit Vollkornreis

*100 ccm Wasser · Salz · 1 Lorbeerblatt · 15 g Grünkern · 20 g Vollkornreis*
Etwa: 495 kJ/120kcal
4 g Eiweiß · 1 g Fett · 25 g Kohlenhydrate · 3 g Ballaststoffe · 0 mg Cholesterin

Vorbereitungszeit: etwa 5 Minuten
Garzeit: etwa 30 Minuten

- Das Wasser mit etwas Salz und dem Lorbeerblatt zum Kochen bringen.
- Den Reis und den Grünkern in einem Sieb kalt abbrausen, in das kochende Wasser geben und zugedeckt bei schwacher Hitze in etwa 30 Minuten ausquellen lassen.

**Tip:** Damit das Gericht nicht anbrennt, dürfen Sie während der Garzeit nicht umrühren.

Ganz einfach

## Chicoréesalat mit Sesam

*100 g Magerjoghurt · 2 Teel. Zitronensaft, frisch gepreßt · 1 Teel. Honig · 1 Teel. Sesamsamen · 100 g Chicorée*
Etwa: 380 kJ/90 kcal
6 g Eiweiß · 3 g Fett · 11 g Kohlenhydrate · 2 g Ballaststoffe · 0 mg Cholesterin

Zubereitungszeit: 15–20 Minuten

- Den Joghurt mit dem Zitronensaft und dem Honig in einer kleinen Schüssel glattrühren.
- Den Sesam in einer beschichteten Pfanne ohne Fettzugabe hell bräunen, anschließend auskühlen lassen.
- Den Chicorée gründlich waschen, welke Blätter entfernen. Die Staude der Länge nach halbieren. Den Strunk und das bittere Ende kegelförmig herausschneiden. Den Chicorée in 2 cm breite Stücke schneiden und auf ein Glasschälchen verteilen.
- Sofort die Joghurtmarinade darüber gießen, damit die Chicoréestücke nicht braun werden. Vor dem Servieren mit dem Sesam bestreuen.

Ganz einfach · Raffiniert

## Birnen-Chicorée-Schiffchen

*30 g Chicoréeblätter (etwa 4 Stück) · 75 g Joghurt mit 1,5% Fett · 1 Teel. Zitronensaft, frisch gepreßt · 100 g Birne*
Etwa: 390 kJ/95 kcal
4 g Eiweiß · 2 g Fett · 15 Kohlenhydrate · 4 g Ballaststoffe · 0 mg Cholesterin

Zubereitungszeit: 10–15 Minuten

- Die Chicoréeblätter vorsichtig ablösen, damit sie ganz bleiben, waschen, trockentupfen und in ein Glasschälchen legen.
- Den Joghurt mit dem Zitronensaft in einer kleinen Schüssel gut verrühren.
- Die Birne waschen, schälen, vom Kernhaus befreien und in 1 cm kleine Würfel schneiden. Die Birnenwürfel auf die Chicoréeblätter verteilen und sofort mit der Joghurtsauce übergießen.

Schnell · Ganz einfach

## Feldsalat mit Buttermilchdressing

Bild Seite 82

*50 g Feldsalat · 100 ccm Buttermilch · 1 Teel. Zitronensaft, frisch gepreßt · 1 Prise Salz · 1 Teel. Obstessig · 1 Teel. Petersilie, frisch gehackt*
Etwa: 190 kJ/45 kcal
5 g Eiweiß · 1 g Fett · 6 g Kohlenhydrate · 1 g Ballaststoffe · 4 mg Cholesterin

Zubereitungszeit: etwa 15 Minuten

- Den Feldsalat putzen, waschen, trockenschütteln und auf einem Salatteller anrichten.
- Für das Dressing die Buttermilch mit dem Zitronensaft, dem Salz und dem Obstessig verrühren und über den Salat verteilen. Die Petersilie darüber streuen.

Ganz einfach

## Gurkensalat mit Dickmilch

*150 g unbehandelte Salatgurke · 80 g Dickmilch mit 3,5% Fett · Salz · 1 Teel. Zitronensaft, frisch gepreßt · 1 Teel. Dill, frisch kleingeschnitten*
Etwa: 290 kJ/70 kcal
4 g Eiweiß · 3 g Fett · 7 g Kohlenhydrate · 2 g Ballaststoffe · 9 mg Cholesterin

Zubereitungszeit: 10–15 Minuten

• Die Salatgurke waschen, in Stifte schneiden und auf einen Salatteller verteilen.
• Die Dickmilch mit etwas Salz und dem Zitronensaft verrühren. Den Dill dazugeben und die Sauce kurz vor dem Servieren über die Gurkenstifte verteilen.

Schnell

## Kopfsalat mit Sauerampfersauce

Bild Umschlag-Vorderseite

*50 g Kopfsalat · 100 g Joghurt mit 1,5% Fett · 1 Eßl. saure Sahne · 1 Teel. Zitronensaft, frisch gepreßt · 1 Teel. Zwiebel, gehackt · 10 g Sauerampfer*
Etwa: 320 kJ/75 kcal
6 g Eiweiß · 3 g Fett · 8 g Kohlenhydrate · 2 g Ballaststoffe · 4 mg Cholesterin

Zubereitungszeit: 10–15 Minuten

• Den Kopfsalat waschen, trockenschütteln, in Stücke zerpflücken und auf einem Salatteller anrichten.
• Für die Sauce den Joghurt mit der sauren Sahne und dem Zitronensaft in einer kleinen Schüssel glattrühren. Die Zwiebel unter die Sauce heben.
• Den Sauerampfer waschen, trockenschütteln, kleinhacken und in die Joghurtsauce geben. Die Sauerampfersauce kurz vor dem Servieren über den Salat gießen.

**Tip:** Falls Sie keinen Sauerampfer bekommen sollten, können Sie auch Dill oder Petersilie verwenden.

Preiswert · Kann vorbereitet werden

## Rote-Bete-Salat

*Etwa ½ l Wasser · Salz · 150 g rote Bete*
*Für die Marinade: 100 ccm Buttermilch · Salz · 1 Teel. Obstessig · 2 Teel. Zwiebel, fein gewürfelt*
Etwa: 420 kJ/100 kcal
6 g Eiweiß · 1 g Fett · 17 g Kohlenhydrate · 4 g Ballaststoffe · 4 mg Cholesterin

Vorbereitungszeit: etwa 5 Minuten
Garzeit: 15–20 Minuten
Fertigstellung: etwa 15 Minuten

• Das Wasser mit etwas Salz zum Kochen bringen. Die rote Bete waschen, in das kochende Wasser geben und bei schwacher Hitze im geschlossenen Topf in 15–20 Minuten weich kochen.
• Die rote Bete mit einem Schaumlöffel aus dem Wasser heben, schälen und auskühlen lassen.
• Inzwischen für die Marinade die Buttermilch mit etwas Salz und dem Obstessig verrühren. Die Zwiebelwürfel darunterheben.

- Die ausgekühlte rote Bete in dünne Scheiben schneiden und in die Buttermilchmarinade legen.

**Tip:** Der Salat schmeckt noch besser, wenn Sie ihn zugedeckt etwa 30 Minuten durchziehen lassen.

Raffiniert

## Salatteller mit Sanddornsauce

*30 g Kopfsalat (etwa ¼ Kopf) · 1 Tomate · 80 g Salatgurke · 100 g grüne Paprikaschote · 50 g Rettich · 10 g Emmentaler Käse mit 45% Fett*
*Für die Sauce: 100 g Dickmilch mit 1,5% Fett · 1 Teel. Zitronensaft, frisch gepreßt · ½ Teel. ungesüßter Sanddornsaft*
Etwa: 620 kJ/150 kcal
10 g Eiweiß · 6 g Fett · 14 g Kohlenhydrate · 6 g Ballaststoffe · 10 mg Cholesterin

Zubereitungszeit: etwa 20 Minuten

- Die Kopfsalatblätter waschen, trockenschütteln und auf einem Salatteller verteilen.
- Das Gemüse waschen. Die Tomate vierteln und dabei vom Stielansatz befreien. Die Gurke schälen und in dünne Scheiben schneiden. Die Paprikaschote von Kernen und weißen Rippen befreien, vierteln und in Streifen schneiden. Den Rettich schälen und hobeln.
- Den Käse in Streifen schneiden und zusammen mit dem Gemüse in der Mitte des Salattellers anrichten.
- Für die Sauce die Dickmilch mit dem Zitronensaft und dem Sanddornsaft glattrühren und über den Salat verteilen.

Ganz einfach · Schnell

## Grüner Salat mit Joghurtdressing

*30 g grüner Salat (etwa ¼ Kopfsalat) · 75 g Joghurt mit 1,5% Fett · etwas Zitronensaft, frisch gepreßt · ½ Teel. ungesüßter Sanddornsaft*
Etwa: 200 kJ/50 kcal
4 g Eiweiß · 1 g Fett · 6 g Kohlenhydrate · 1 g Ballaststoffe · 0 mg Cholesterin

Zubereitungszeit: etwa 8 Minuten

- Die Salatblätter gut waschen, trockenschütteln und auf ein Glasschälchen verteilen.
- Den Joghurt, etwas Zitronensaft und den Sanddornsaft in einer Schüssel verschlagen und über den Salat gießen. Sofort servieren.

Ganz einfach · Schnell · Preiswert

## Endiviensalat

Bild Umschlag-Rückseite

*30 g Endiviensalat · 100 g Dickmilch mit 1,5% Fett · 1 Teel. Zitronensaft, frisch gepreßt · 1 Teel. Schnittlauch, frisch kleingeschnitten*
Etwa: 250 kJ/60 kcal
5 g Eiweiß · 2 g Fett · 6 g Kohlenhydrate · 1 g Ballaststoffe · 0 mg Cholesterin

Zubereitungszeit: etwa 10 Minuten

- Den Endiviensalat waschen, trockenschütteln, in feine Streifen schneiden und auf einem Glasschälchen anrichten.
- Die Dickmilch mit dem Zitronensaft glattrühren. Den Schnittlauch unter die Sauce heben. Vor dem Servieren über den Salat gießen.

Schnell · Ganz einfach

## Gemischter Salat

*30 g Kopfsalat (etwa ¼ Kopf) · 1 Tomate · 50 g unbehandelte Salatgurke · Obstessig · ½ Teel. Sonnenblumenöl · Salz · Pfeffer, frisch gemahlen · 1 Teel. Petersilie, frisch gehackt*
Etwa: 240 kJ/60 kcal
2 g Eiweiß · 4 g Fett · 5 g Kohlenhydrate · 3 g Ballaststoffe · 0 mg Cholesterin

Zubereitungszeit: etwa 10 Minuten

• Die Salatblätter waschen, trockenschütteln und kleinzupfen. Die Tomate und die Gurke ebenfalls waschen und in dünne Scheiben schneiden. Alles auf einem Teller anrichten.
• Aus etwas Essig, dem Öl, Salz, Pfeffer und der Petersilie eine Marinade rühren und über den Salat geben.

**Tip:** Öl nie zuerst über den Salat gießen, da dieser dann keine anderen Zutaten mehr aufnimmt.

Ganz einfach · Raffiniert

## Bunter Salat mit Sprossen

*30 g Kopfsalat (etwa ¼ Kopf) · 30 g Eissalat · 1 Eßl. Alfalfa-/Luzernensprossen · 1 mittelgroße Tomate · ½ grüne Paprikaschote · ½ Eßl. Obstessig · ½ Teel. Leinöl · 1 Eßl. Wasser · 1 Teel. Zitronensaft, frisch gepreßt · Salz · Pfeffer, frisch gemahlen*
Etwa: 310 kJ/75 kcal
4 g Eiweiß · 4 g Fett · 7 g Kohlenhydrate · 5 g Ballaststoffe · 1 mg Cholesterin

Zubereitungszeit: 10–15 Minuten

• Den Kopfsalat und den Eissalat waschen, mit Küchenpapier trockentupfen und in Stücke zerpflücken. Die Sprossen in einem Sieb kalt abbrausen. Die Tomate waschen, halbieren, den Stielansatz entfernen und in Scheiben schneiden. Die Paprikaschote ebenfalls waschen, halbieren, von Kernen und weißen Rippen befreien und in feine Streifen schneiden.
• Alles zusammen auf einem Salatteller anrichten.
• Den Essig, das Öl, das Wasser, den Zitronensaft, Salz und Pfeffer zu einer Marinade anrühren und über den Sprossensalat verteilen.

Preiswert

## Apfel-Sellerie-Salat »Waldorf«

*50 g Magerquark · 50 g Joghurt mit 1,5% Fett · ½ Apfel · 40 g Knollensellerie · 1 Teel. Zitronensaft, frisch gepreßt*
Etwa: 490 kJ/120 kcal
10 g Eiweiß · 2 g Fett · 16 g Kohlenhydrate · 5 g Ballaststoffe · 1 mg Cholesterin

Zubereitungszeit: 20–25 Minuten

• Den Quark mit dem Joghurt in einer kleinen Schüssel glattrühren.
• Den Apfel und den Sellerie waschen und schälen. Den Apfel vom Kernhaus befreien und in sehr kleine Würfel schneiden. Sofort mit dem Zitronensaft beträufeln, damit sich die Apfelwürfel nicht braun färben. Den Sellerie in sehr feine Streifen schneiden.
• Die Selleriestreifen zusammen mit den Apfelwürfeln vorsichtig unter die vorbereitete Joghurt-Quark-Masse heben. Den Salat in ein Glasschälchen füllen und sofort servieren.

Preiswert

## Blattspinat

*200 g Blattspinat · 1 Teel. Butter · ½ kleine Zwiebel · etwa 100 ccm Wasser · Salz · 1 Prise Muskatnuß, frisch gerieben*
Etwa: 340 kJ/80 kcal
6 g Eiweiß · 5 g Fett · 3 g Kohlenhydrate · 5 g Ballaststoffe · 12 mg Cholesterin

Zubereitungszeit: etwa 20 Minuten

- Den Blattspinat gründlich waschen und verlesen.
- Die Butter in einem breiten, flachen Topf erhitzen. Die Zwiebel schälen, kleinhacken und in der heißen Butter glasig braten.
- Den Spinat tropfnaß zu den Zwiebeln geben und unter mehrmaligem Wenden bei schwacher Hitze in 5–10 Minuten weich dünsten. Nach Bedarf etwas Wasser dazugießen.
- Das Gemüse mit Salz und dem Muskat pikant würzen.

Ganz einfach

## Italienischer Gemüsetopf

Bild Seite 35

*100 g grüne Bohnen · 100 g Tomaten · 100 g Fenchel · 1 Teel. Butter · Salz · Pfeffer, frisch gemahlen · ½ Knoblauchzehe · ⅛ l Wasser · 1 Teel. Petersilie, frisch gehackt*
Etwa: 550 kJ/130 kcal
7 g Eiweiß · 5 g Fett · 16 g Kohlenhydrate · 9 g Ballaststoffe · 12 mg Cholesterin

Vorbereitungszeit: etwa 15 Minuten
Garzeit: etwa 35 Minuten

- Die Bohnen und die Tomaten waschen und die Stielansätze entfernen. Die Bohnen in 2 cm lange Stücke schneiden. Die Tomaten entkernen und in breite Streifen schneiden. Den Fenchel waschen, vom Wurzelansatz und den Stielen befreien, der Länge nach vierteln und in etwa 1 cm dicke Scheiben schneiden.
- Die Butter in einem Topf erhitzen. Die Bohnenstücke und die Fenchelstreifen von allen Seiten kurz darin anbraten.
- Mit Salz, Pfeffer und dem durchgepreßten Knoblauch pikant würzen. Das Wasser dazugießen und das Gemüse im geschlossenen Topf in etwa 35 Minuten weich kochen.
- 5 Minuten vor dem Ende der Garzeit die Tomatenstreifen hinzufügen.
- Die Petersilie über das Gemüse streuen.

Schnell · Preiswert

## Karottengemüse

*150 g Karotten oder junge Möhren · 1 Teel. Butter · ⅛ l Wasser · Salz · 1 Messerspitze Anispulver*
Etwa: 330 kJ/80 kcal
2 g Eiweiß · 5 g Fett · 8 g Kohlenhydrate · 5 g Ballaststoffe · 12 mg Cholesterin

Vorbereitungszeit: etwa 10 Minuten
Garzeit: 10–15 Minuten

- Die Karotten putzen, waschen und in dünne Scheiben schneiden.
- Die Butter in einem Topf erhitzen. Die Karottenscheiben hinzufügen und kurz von allen Seiten anbraten. Mit dem Wasser aufgießen und in 10–15 Minuten zugedeckt bei schwacher Hitze weich kochen.
- Das Gemüse mit Salz und dem Anis würzen.

Schnell · Raffiniert

## Broccoli mit Sesam

*Salz · 200 g Broccoli · 1 Teel. Butter · 1 Teel. Sesamsamen*
Etwa: 480 kJ/110 kcal
8 g Eiweiß · 7 g Fett · 5 g Kohlenhydrate · 7 g Ballaststoffe · 12 mg Cholesterin

Vorbereitungszeit: 5–10 Minuten
Garzeit: 15–20 Minuten

- Wenig Salzwasser zum Kochen bringen.
- Den Broccoli waschen, die Stielenden und die großen Blätter entfernen. Den Broccoli im Salzwasser in 15–20 Minuten bei schwacher Hitze weich kochen.
- Die Butter in einer Pfanne erhitzen, den Sesam hinzufügen und goldbraun braten.
- Den garen Broccoli mit einem Schaumlöffel aus dem Salzwasser heben, abtropfen lassen und auf einen Teller geben. Mit dem gebräunten Sesam überstreuen.

Schnell

## Grilltomate

Grilltomaten schmecken erfrischend, haben wenig Kalorien und bringen Farbe in ein Menü.

*1 Fleischtomate · Salz · 1 Zweig Basilikum, ersatzweise 1 Prise getrocknetes Basilikum*
Etwa: 150 kJ/35 kcal
2 g Eiweiß · 1 g Fett · 6 g Kohlenhydrate · 4 g Ballaststoffe · 0 mg Cholesterin

Vorbereitungszeit: etwa 5 Minuten
Garzeit: etwa 10 Minuten

- Die Tomate waschen und oben kreuzweise einschneiden und leicht salzen.
- Den Backofen auf 250° vorheizen oder den Grill einschalten. Das Backblech mit Alufolie belegen.
- Frisches Basilikum waschen und trockentupfen. Die Blätter abzupfen, kleinschneiden und über die Tomate streuen. Die Tomate auf das Backblech setzen und im Grill oder Backofen etwa 10 Minuten garen.

Preiswert

## Juliennegemüse

*75 g Möhren · 75 g Knollensellerie · 1 Teel. Butter · Salz · 1 Prise Anispulver · ⅛ l Gemüsebrühe · 1 Teel. Petersilie, frisch gehackt*
Etwa: 360 kJ/90 kcal
3 g Eiweiß · 5 g Fett · 7 g Kohlenhydrate · 6 g Ballaststoffe · 12 mg Cholesterin

Vorbereitungszeit: etwa 15 Minuten
Garzeit: etwa 10 Minuten

- Die Möhren schälen, waschen und in gleichmäßige dünne Stifte schneiden. Den Sellerie putzen, schälen und ebenfalls in dünne Stifte schneiden.
- Die Butter in einem kleinen Topf erhitzen. Die Gemüsestreifen darin andünsten. Mit etwas Salz und dem Anis würzen und mit der Gemüsebrühe aufgießen. Im geschlossenen Topf bei schwacher Hitze in etwa 10 Minuten weich dünsten.
- Die Petersilie erst zum Schluß an das Gemüse geben.

# Süßes für zwischendurch

Auch bei einer kalorienreduzierten, ausgewogenen Ernährung dürfen Sie süße Köstlichkeiten genießen. Ein völliger Verzicht wäre in den meisten Fällen nur mit größter Mühe möglich und würde das Verlangen nach Süßem eher verstärken. Sie sollten jedoch versuchen, die natürliche Süße von Früchten in den Vordergrund zu stellen, und zusätzliche Süßungsmittel weitgehend zu vermeiden.

Kann vorbereitet werden

## Apfelschaum

*⅛ l Wasser · 200 g Äpfel · 1 Prise Zimtpulver · ½ Teel. Honig · ½ Teel. ungesüßter Sanddornsaft · ½ Eiweiß (Gewichtsklasse 4)*
Etwa: 500 kJ/120 kcal
3 g Eiweiß · 2 g Fett · 24 g Kohlenhydrate · 6 g Ballaststoffe · 0 mg Cholesterin

Zubereitungszeit: etwa 30 Minuten

- Das Wasser zum Kochen bringen.
- Die Äpfel waschen, schälen, halbieren, dann von Stiel und Kernhaus befreien.
- Die Apfelhälften in das kochende Wasser geben. Den Zimt, den Honig und den Sanddornsaft hinzufügen und das Obst in etwa 10 Minuten bei schwacher Hitze zugedeckt weich dünsten.
- Anschließend die Äpfel und den Sud durch ein Sieb streichen und etwa 10 Minuten auskühlen lassen.
- Das Eiweiß sehr steif schlagen und mit dem Schneebesen unter die ausgekühlte Apfelmasse heben. Den Apfelschaum in ein Schälchen füllen.

Kann vorbereitet werden

## Erdbeergelee

Bild 3. Umschlagseite

Eine ideale Erfrischung für heiße Tage. Falls Sie keine Erdbeeren zur Verfügung haben, verwenden Sie Mandarinen oder Pfirsich.

*100 g Erdbeeren · 1½ Blatt weiße Gelatine · 100 ccm Wasser · ½ Teel. Honig · etwas Zitronensaft, frisch gepreßt*
*Zum Garnieren: eventuell Zitronenkraut/Zitronenmelisse*
Etwa: 230 kJ/55 kcal
4 g Eiweiß · 1 g Fett · 9 g Kohlenhydrate · 2 g Ballaststoffe · 0 mg Cholesterin

Zubereitungszeit: etwa 20 Minuten
Kühlzeit: 20–25 Minuten

- Die Erdbeeren waschen, trockentupfen, entstielen (große Beeren zerschneiden) und in einer Schale anrichten.
- Die Gelatine in wenig kaltem Wasser einweichen.
- Etwas Wasser in einem kleinen Topf zum Kochen bringen. Die eingeweichte Gelatine ausdrücken und in einem Schöpflöffel so lange in das kochende Wasser halten, bis sich die Gelatine auflöst.
- Die 100 ccm Wasser mit dem Honig und dem Zitronensaft gut vermischen. Einige Löffel zur aufgelösten Gelatine geben und diese anschließend in das Honigwasser rühren.
- Die Flüssigkeit vorsichtig über die Erdbeeren gießen. Das Gelee im Kühlschrank erstarren lassen.
- Das Zitronenkraut waschen, trockenschütteln, in Streifen schneiden und über das Erdbeergelee streuen.

Raffiniert · Schnell

## Melone mit Haube

*1 Scheibe Honigmelone (etwa 100 g) · 50 g Magerquark · 75 g Joghurt mit 1,5% Fett · 1 Teel. Zitronensaft, frisch gepreßt · 1 Teel. Honig · 50 g Nektarine*
Etwa: 730 kJ/170 kcal
11 g Eiweiß · 2 g Fett · 30 g Kohlenhydrate · 2 g Ballaststoffe · 1 mg Cholesterin

Zubereitungszeit: 10–15 Minuten

- Die Melonenscheibe von den Kernen befreien und auf ein Glasschälchen stellen.
- Den Quark mit dem Joghurt, dem Zitronensaft und dem Honig in eine kleine Schüssel geben. Alle Zutaten mit einem Schneebesen schaumig schlagen.
- Die Nektarine entsteinen, kleinschneiden und unter die Quarkmischung heben. Die Creme kurz vor dem Anrichten in die Mitte der Melonenscheibe geben.

Ganz einfach · Schnell

## Sanddornjoghurt

Diese Zwischenmahlzeit sättigt gut und hat einen hohen Gehalt an Vitamin C.

*150 g Joghurt mit 1,5% Fett · 1 Teel. ungesüßter Sanddornsaft · 1 Teel. Zitronensaft, frisch gepreßt · 1 Teel. Honig · 1 Eßl. Weizenkeime*
Etwa: 530 kJ/130 kcal
9 g Eiweiß · 3 g Fett · 16 g Kohlenhydrate · 2 g Ballaststoffe · 0 mg Cholesterin

Zubereitungszeit: etwa 10 Minuten

- Den Joghurt in einer Schüssel mit dem Sanddornsaft, dem Zitronensaft und dem Honig gut verrühren.
- Die Sanddornspeise in ein Glasschälchen füllen und mit den Weizenkeimen bestreuen.

Kann vorbereitet werden

## Geleefrüchte

*1 Blatt weiße Gelatine · 60 g Pfirsich · 40 g Wassermelone · 100 ccm ungesüßter Apfelsaft · 1 Teel. Zitronensaft, frisch gepreßt · 1 Teel. Honig*
Etwa: 460 kJ/110 kcal
3 g Eiweiß · 0 g Fett · 24 g Kohlenhydrate · 1 g Ballaststoffe · 0 mg Cholesterin

Zubereitungszeit: etwa 20 Minuten
Kühlzeit: 15–20 Minuten

- Die Gelatine in etwas Wasser etwa 10 Minuten einweichen.
- Währenddessen den Pfirsich mit kochendheißem Wasser überbrühen, schälen und entsteinen. 60 g Fruchtfleisch abwiegen und in Stücke schneiden. Die Wassermelone schälen, entkernen, 40 g abwiegen und ebenfalls in kleine Würfel schneiden. Das Obst in einem Glasschälchen anrichten.
- Den Apfelsaft mit dem Zitronensaft und dem Honig in einem Topf leicht erwärmen. Die Gelatine ausdrücken und vorsichtig darunterrühren. Die Flüssigkeit über die Früchte gießen und die Geleefrüchte im Kühlschrank erstarren lassen.

Schnell · Preiswert

## Birnenkompott

*100 ccm Wasser · 1 Teel. Zitronensaft, frisch gepreßt · 1 Teel. Birnen-Apfel-Kraut · 1 Birne (etwa 100 g)*
Etwa: 270 kJ/65 kcal
1 g Eiweiß · 0 g Fett · 14 g Kohlenhydrate · 3 g Ballaststoffe · 0 mg Cholesterin

Zubereitungszeit: 20–25 Minuten

- Das Wasser mit dem Zitronensaft und dem Birnen-Apfel-Kraut zum Kochen bringen.
- Die Birne waschen, schälen, vom Kernhaus befreien und in dünne Spalten schneiden. Die Spalten im kochenden Wasser zugedeckt bei schwacher Hitze in 5–10 Minuten weich kochen.
- Das Birnenkompott in eine Schüssel füllen und auskühlen lassen.

Ganz einfach

## Feiner Obstsalat
Bild Umschlag-Rückseite

*1 Teel. Sonnenblumenkerne · 150 g Obst (75 g Apfel, ½ Orange, 1 Kiwi) · 1 Teel. Zitronensaft, frisch gepreßt · 100 ccm ungesüßter Apfelsaft*
Etwa: 830 kJ/200 kcal
4 g Eiweiß · 4 g Fett · 38 g Kohlenhydrate · 8 g Ballaststoffe · 0 mg Cholesterin

Zubereitungszeit: etwa 30 Minuten

- Die Sonnenblumenkerne grob hacken und in einer beschichteten Pfanne ohne Fettzugabe hell bräunen.
- Den Apfel waschen, vom Kernhaus befreien und in Würfel schneiden. Die Orange schälen und filetieren. Die Kiwi ebenfalls schälen, der Länge nach halbieren und in dünne Scheiben schneiden.

Für Orangenfilets wird die Orange mit scharfem Messer geschält und das Fruchtfleisch zwischen den Trennwänden ganz einfach herausgeschnitten.

- Das Obst in einer Schüssel vermischen und sofort mit dem Zitronensaft und dem Apfelsaft übergießen. Etwa 10 Minuten durchziehen lassen.
- Den Obstsalat mit den Sonnenblumenkernen verfeinern.

Kann vorbereitet werden

## Pfirsichkaltschale

*1½ Blatt weiße Gelatine · 50 g Pfirsich · 100 ccm Wasser · 1 Teel. Zitronensaft, frisch gepreßt · 50 ccm ungesüßter Apfelsaft · 1 Teel. Honig*
Etwa: 300 kJ/70 kcal
3 g Eiweiß · 0 g Fett · 15 g Kohlenhydrate · 0 g Ballaststoffe · 0 mg Cholesterin

Zubereitungszeit: etwa 15 Minuten
Kühlzeit: 20–25 Minuten

- Die Gelatine im kalten Wasser einweichen.
- Den Pfirsich mit kochendheißem Wasser überbrühen, schälen, den Kern entfernen und das Fruchtfleisch mit dem Wasser, dem Zitronensaft, dem Apfelsaft und dem Honig in einem Mixer pürieren.
- Einen Topf mit Wasser zum Kochen bringen. Die Gelatine ausdrücken und in einem Schöpflöffel über dem Wasserdampf auflösen. Etwas pürierten Fruchtsaft zur Gelatine geben und anschließend das Gelatinegemisch in den übrigen Saft rühren.
- Die Mischung in ein Glasschälchen füllen und kühl stellen, bis die Pfirsichkaltschale erstarrt.

**Variante:** Die Kaltschale können Sie auch mit Erdbeeren oder Orange zubereiten.

Schnell · Preiswert

## Überbackene Grapefruit

Bild 3. Umschlagseite

*½ Grapefruit · 1 Teel. Honig · 1 Teel. geschälter Sesamsamen*
Etwa: 370 kJ/90 kcal
2 g Eiweiß · 3 g Fett · 14 g Kohlenhydrate · 2 g Ballaststoffe · 0 mg Cholesterin

Vorbereitungszeit: etwa 10 Minuten
Backzeit: 5–10 Minuten

- Das Fruchtfleisch der Grapefruit mit einem Grapefruitmesser lösen, aber nicht aus der Schale nehmen.
- Den Backofen auf 200° vorheizen.
- Die Grapefruit mit dem Honig bestreichen, mit Sesam bestreuen, auf ein Blech setzen und im Ofen auf der mittleren Schiene backen, bis die Oberfläche leicht gebräunt ist.

Schmeckt kalt auch sehr gut

## Apfel-Roggen-Gratin

Ein Roggengratin schmeckt auch mit anderem Obst sehr gut. Verwenden Sie aber kalorienarme Obstsorten.

*1 Apfel (etwa 100 g) · 1 Teel. Zitronensaft, frisch gepreßt · 1 Teel. Butter · 1 Teel. Honig · ½ Eßl. Roggen, grob geschrotet · 2 Eßl. saure Sahne · 75 g Joghurt mit 1,5% Fett*
*Für die Form: ½ Teel. Butter*
Etwa: 920 kJ/220 kcal
5 g Eiweiß · 10 g Fett · 26 g Kohlenhydrate · 5 g Ballaststoffe · 26 mg Cholesterin

Vorbereitungszeit: etwa 20 Minuten
Backzeit: etwa 35 Minuten

- Den Apfel waschen, vom Kernhaus befreien und in dünne Spalten schneiden.
- Eine feuerfeste Form mit der Butter ausstreichen und die Apfelspalten fächerförmig hineinschichten. Sofort mit dem Zitronensaft beträufeln, damit sie nicht braun werden.
- Die Butter und den Honig in einem flachen Topf erhitzen. Den Roggenschrot hinzufügen und unter ständigem Rühren 2–3 Minuten rösten. Auskühlen lassen.
- Den Backofen auf 200° vorheizen.
- Die saure Sahne und den Joghurt in einer kleinen Schüssel vermischen, unter die ausgekühlte Schrotmasse heben und diese gleichmäßig auf die Apfelspalten verteilen.
- Das Gratin im heißen Backofen auf der unteren Schiene etwa 35 Minuten backen, bis die Oberfläche schön gebräunt ist. Mit einem Holzstäbchen in das Gratin stechen. Wenn die Apfelstücke weich erscheinen, ist das Apfel-Roggen-Gratin fertig.

# Erfrischendes für abends

Wenn Sie sich am Abend für etwas Frisches entscheiden, das schnell zubereitet ist, empfehle ich Ihnen die nachfolgenden Rezeptideen. Sie können zwischen Rohkost, Salaten und belegten Brötchen wählen.

Ganz einfach · Preiswert

## Kräuterquark

*100 g Quark mit 20% Fett · 1 Eßl. Mineralwasser · ½ Gewürzgurke · 150 g Radieschen · 1 Teel. Petersilie, frisch gehackt · Salz · Pfeffer, frisch gemahlen · 1 Prise edelsüßes Paprikapulver · 1 Salatblatt*
Etwa: 560 kJ/130 kcal
14 g Eiweiß · 6 g Fett · 8 g Kohlenhydrate · 2 g Ballaststoffe · 17 mg Cholesterin

Zubereitungszeit: etwa 15 Minuten

- Den Quark mit dem Mineralwasser in einer Schüssel schaumig schlagen.
- Die Gewürzgurke kleinschneiden und unter den Quark heben. Die Radieschen putzen, waschen und in Stifte schneiden. Die Petersilie mit den Radieschenstiften zum Quark geben. Mit Salz, Pfeffer und dem Paprikapulver pikant abschmecken.
- Das Salatblatt waschen, trockenschütteln, auf ein Schälchen legen und den Kräuterquark darauf anrichten.

**Richtige Beilage:** 2 Scheiben Krustenbrot (Rezept Seite 89) und 1 Teelöffel Butter.

Schnell · Ganz einfach

## Buntes Quarkbrötchen

*1 Vollkornbrötchen · 2 Salatblätter · 60 g Quark mit 20% Fett · 1 Teel. Petersilie, frisch gehackt · 1 Prise Salz · edelsüßes Paprikapulver · 50 g Schichtkäse · 1 Essiggurke · 100 g Radieschen*
Etwa: 960 kJ/230 kcal
19 g Eiweiß · 5 g Fett · 26 g Kohlenhydrate · 4 g Ballaststoffe · 10 mg Cholesterin

Zubereitungszeit: etwa 10 Minuten

- Das Brötchen halbieren. Die Salatblätter waschen, trockenschütteln und die Brötchenhälften mit je 1 Salatblatt belegen.
- Den Quark mit der Petersilie, dem Salz sowie etwas Paprikapulver in einer Schüssel verrühren und auf eine Hälfte des Brötchens streichen.
- Den Schichtkäse auf die andere Hälfte des Brötchens geben. Mit der Essiggurke und den Radieschen garnieren.

Kann vorbereitet werden

## Grünkernfrikadelle auf Brötchen

*1 Roggenvollkornbrötchen · 1 Salatblatt · 1 Grünkern-Gemüse-Küchlein (½ Rezept Seite 39) · 1 Teel. saure Sahne · 1 Tomate*
Etwa: 1030 kJ/250 kcal
10 g Eiweiß · 6 g Fett · 36 g Kohlenhydrate · 7 g Ballaststoffe · 87 mg Cholesterin

Zubereitungszeit: etwa 10 Minuten

- Das Brötchen halbieren. Das Salatblatt waschen, trockenschütteln und auf eine Brötchenhälfte legen. Die Grünkernfrikadelle daraufgeben, obenauf die saure Sahne setzen.

• Die Tomate waschen, vom Stielansatz befreien und in Scheiben schneiden. Die Tomatenscheiben auf die Frikadelle verteilen. Den Deckel des Brötchens aufsetzen.

Raffiniert

## Weizenpaste als Brotaufstrich

Dieser Aufstrich schmeckt vorzüglich, ist leicht verdaulich und sättigt sehr gut. Das frisch geschrotete Getreide enthält viel Vitamin B. Sie können die Paste durch Zugabe verschiedenster Gewürze und Kräuter vielfältig variieren.

*1 Tasse Wasser · 15 g Weizen, frisch geschrotet · Salz · Pfeffer, frisch gemahlen · Muskatnuß, frisch gerieben · ½ Knoblauchzehe · 1 Teel. Sonnenblumenöl · 1 Teel. Zwiebel, gehackt · 2 Teel. Kräuter (Petersilie, Basilikum), frisch gehackt*
Etwa: 420 kJ/100 kcal
3 g Eiweiß · 6 g Fett · 11 g Kohlenhydrate · 3 g Ballaststoffe · 0 mg Cholesterin

Zubereitungszeit: etwa 20 Minuten

• Das Wasser zum Kochen bringen und den Schrot hineinrühren. Mit etwas Salz, Pfeffer, Muskat und dem durchgepreßten Knoblauch pikant würzen. Die Schrotmasse 8–10 Minuten bei schwacher Hitze zugedeckt ausquellen lassen; dann kühl stellen.

• Inzwischen das Sonnenblumenöl in einer Pfanne erhitzen und die Zwiebel darin glasig braten.

• Die Zwiebel und die Kräuter unter die ausgekühlte Weizenpaste heben.

**Tip:** Die Weizenpaste hält sich gut verschlossen im Kühlschrank etwa 2 Wochen. Es lohnt sich also eventuell, gleich mehrere Portionen herzustellen.

Ganz einfach

## Gemischter Rohkostteller

Bild nebenstehend

*Für die Radieschenrohkost: 100 g Radieschen · ½ grüne Paprikaschote (etwa 50 g) · 75 g Dickmilch mit 3,5% Fett · 1 Teel. Zitronensaft, frisch gepreßt · 1 Teel. Obstessig · 1 Prise Salz · 1 Teel. Petersilie, frisch gehackt*
*Für die Möhrenrohkost: 150 g Möhren · 50 g Joghurt mit 1,5% Fett · 1 Teel. Zitronensaft, frisch gepreßt · 1 Teel. ungesüßter Sanddornsaft · 1 Messerspitze Anispulver*
*Für die Sellerierohkost: 100 g Knollensellerie · ½ Apfel (etwa 50 g) · 1 Teel. Zitronensaft, frisch gepreßt · 2 Eßl. saure Sahne*
Etwa: 910 kJ/220 kcal
11 g Eiweiß · 7 g Fett · 29 g Kohlenhydrate · 13 g Ballaststoffe · 15 mg Cholesterin

Zubereitungszeit: etwa 30 Minuten

Bei allen Salatfans beliebt sind die dreierlei Erfrischungen auf dem gemischten Rohkostteller. Mit der bunten Vielfalt können Sie auch prima Gäste bewirten. Rezept auf dieser Seite. ▷

• Für die Radieschenrohkost die Radieschen waschen und putzen. Die Paprikaschote ebenfalls waschen, die Kerne und die weißen Rippen entfernen. Die Radieschen und die Paprikaschote in dünne Stifte schneiden.
• Für die Marinade die Dickmilch mit dem Zitronensaft und dem Essig in einer kleinen Schüssel verrühren. Mit dem Salz und der gehackten Petersilie abschmecken.
• Die Radieschen- und Paprikastifte unter die Marinade heben und kurz durchziehen lassen.
• Für die Möhrenrohkost die Möhren waschen und gut bürsten.
• Den Joghurt mit dem Zitronensaft, dem Sanddornsaft und dem Anispulver in einer kleinen Schüssel glattrühren.
• Die Möhren auf einer Rohkostraffel in die Marinade reiben und darunterheben.
• Für die Sellerierohkost den Sellerie waschen, schälen und in sehr dünne Streifen schneiden.
• Den Apfel waschen, vom Kernhaus befreien, eventuell schälen, und in kleine Würfel schneiden. Sofort mit den Selleriestreifen mischen und mit dem Zitronensaft beträufeln, damit sich die Rohkost nicht braun verfärbt. Die Sellerierohkost mit der sauren Sahne verfeinern.
• Die Radieschen-, die Möhren- und die Sellerierohkost auf einem großen Teller anrichten und sofort servieren.

**Richtige Beilage:** 1 Scheibe Knäckebrot (etwa 15 g) und 20 g Quark mit 20% Fett.

◁ Die Fünfkornkörbchen lassen sich gut vorbereiten oder auch einfrieren. Dann brauchen Sie nur die herzhafte Füllung und einen gemischten Blattsalat, um im Handumdrehen eine erfrischende Mahlzeit zu zaubern. Rezept Seite 31.

Raffiniert · Braucht etwas Zeit

## Tofubrötchen mit Orangen-Lauch-Salat

*1 Buttermilchbrötchen (Rezept Seite 95) oder 1 Vollkornbrötchen*
*Für den Tofuaufstrich: ½ Teel. Butter · 1 Teel. Zwiebel, gehackt · 50 g Tofu · Salz · Pfeffer, frisch gemahlen · ½ Knoblauchzehe · 1 Teel. Sonnenblumenkerne*
*Für den Orangen-Lauch-Salat: 100 g Lauch · 50 g Orange · 50 ccm Orangensaft · 75 g Magerjoghurt · 1 Teel. Zitronensaft, frisch gepreßt · Salz · 1 Prise weißer Pfeffer, frisch gemahlen*
Etwa: 1230 kJ/295 kcal
19 g Eiweiß · 8 g Fett · 49 g Kohlenhydrate · 6 g Ballaststoffe · 2 mg Cholesterin

Zubereitungszeit: etwa 35 Minuten

• Das Brötchen halbieren und toasten.
• Für den Aufstrich die Butter in einer Pfanne erhitzen, die Zwiebel hinzufügen und glasig braten.
• Den Tofu mit einer Gabel fein zerdrücken, zur Zwiebel geben und von allen Seiten anbraten. Mit etwas Salz, Pfeffer und dem durchgepreßten Knoblauch pikant würzen.
• Die Sonnenblumenkerne zerkleinern, unter die Tofumasse mischen und erkalten lassen.
• Inzwischen für den Salat vom Lauch welke Blätter und die Wurzeln entfernen, die Stange der Länge nach aufschneiden und unter fließendem Wasser gründlich waschen. (Möglichst, nur den weißen Teil des Lauchs verwenden.) Den Lauch quer in sehr feine Streifen schneiden und auf einem Salatteller verteilen.
• Die Orange sorgfältig schälen, das Fruchtfleisch kleinschneiden und zum Lauch geben.

• Für die Marinade den Orangensaft, den Joghurt und den Zitronensaft in einer Schüssel verrühren. Mit Salz und dem Pfeffer pikant abschmecken und vor dem Servieren über den Orangen-Lauch-Salat verteilen.
• Das Brötchen mit der Tofumischung bestreichen und mit dem Salat essen.

Schnell · Raffiniert

## Fruchtige Sauerkrautrohkost

*200 g Sauerkraut · 50 g blaue Weintrauben · 100 g Apfel*
*Für die Marinade: 1 Eßl. Obstessig · 1 Teel. Maiskeimöl · 1 Teel. Zitronensaft, frisch gepreßt · Salz · 2 Teel. Zwiebel, gehackt · 1 Teel. saure Sahne*
Etwa: 730 kJ/170 kcal
4 g Eiweiß · 7 g Fett · 24 g Kohlenhydrate · 9 g Ballaststoffe · 2 mg Cholesterin

Zubereitungszeit: etwa 15 Minuten

• Das Sauerkraut abtropfen lassen und kleinschneiden. Die Weintrauben waschen, halbieren und entkernen. Den Apfel waschen, vom Kernhaus befreien und in dünne Schnitze schneiden.
• Das Obst mit dem Sauerkraut auf einer Glasschale anrichten.
• Für die Marinade den Obstessig mit dem Maiskeimöl, dem Zitronensaft, etwas Salz und der Zwiebel in einer kleinen Schüssel verrühren und über die Rohkost gießen.
• Kurz vor dem Servieren die Sauerkrautrohkost mit der sauren Sahne verfeinern.

**Richtige Beilage:** Schnittlauchbrot (Rezept Seite 23).

Raffiniert · Braucht etwas Zeit

## Tofu-Sprossen-Salat

*50 g Tofu · ½ Teel. Sojasauce · Salz · Pfeffer, frisch gemahlen · 1 Teel. Kräuter (Petersilie, Schnittlauch, Dill), frisch gehackt · 100 g Radieschen · 30 g Kopfsalat (etwa ¼ Kopf) · 30 g Sojasprossen*
*Für die Marinade: Obstessig · 1 Teel. Sonnenblumenöl · Salz · Pfeffer, frisch gemahlen*
Etwa: 460 kJ/110 kcal
7 g Eiweiß · 8 g Fett · 5 g Kohlenhydrate · 2 g Ballaststoffe · 0 mg Cholesterin

Marinierzeit: 1 Stunde
Zubereitungszeit: etwa 20 Minuten

• Den Tofu in Würfel schneiden, mit der Sojasauce, etwas Salz und Pfeffer sowie den Kräutern mischen und etwa 1 Stunde marinieren lassen.
• Die Radieschen putzen, waschen und in dünne Scheiben schneiden. Den Kopfsalat waschen und trockenschütteln. Die Sprossen kalt abbrausen und abtropfen lassen.
• Auf einem Teller die Salatblätter mit den Ra-

Alle Sprossen sollten vor der Verwendung gründlich im Sieb unter fließendem Wasser abgespült und dann gut abgetropft werden.

dieschenscheiben und den Sprossen anrichten. Den gewürzten Tofu darüber verteilen.

- Für die Marinade etwas Essig mit dem Öl, etwas Salz und Pfeffer in einer Tasse anrühren und über den Salat gießen.

**Richtige Beilage:** 2 Partybrötchen (Rezept Seite 94) oder 1 Scheibe Vollkornbrot.

Schnell · Ganz einfach

## Bauernsalat

Bild Umschlag-Vorderseite

*100 g Tomaten · 80 g Paprikaschote (rot und grün) · ½ kleine Zwiebel · 100 g unbehandelte Salatgurke · 30 g Schafkäse*
*Für die Marinade: 1 Eßl. Obstessig · ½ Teel. Sonnenblumenöl · Salz · Pfeffer, frisch gemahlen*
Etwa: 670 kJ/160 kcal
7 g Eiweiß · 10 g Fett · 9 g Kohlenhydrate · 5 g Ballaststoffe · 0 mg Cholesterin

Zubereitungszeit: etwa 20 Minuten

- Die Tomaten waschen, vom Stielansatz befreien und in Scheiben schneiden. Die Paprikaschote waschen, von Kernen und weißen Rippen befreien und in dünne Streifen schneiden. Die Zwiebel schälen und in Ringe schneiden. Die Salatgurke gut waschen, der Länge nach halbieren und in Scheiben schneiden.
- Den Schafkäse klein würfeln und zusammen mit dem Gemüse auf einem Teller anrichten.
- Für die Marinade den Essig, das Öl, etwas Salz und Pfeffer verrühren und über den Bauernsalat gießen.

**Richtige Beilage:** 1 Vollkornbrötchen.

Schnell

## Fenchel-Apfel-Salat

*100 g Fenchel · 50 g Apfel · 1 Teel. Zitronensaft, frisch gepreßt*
*Für die Sauce: 100 g Dickmilch mit 3,5% Fett · Saft von ½ Orange*
Etwa: 610 kJ/150 kcal
7 g Eiweiß · 5 g Fett · 21 g Kohlenhydrate · 5 g Ballaststoffe · 11 mg Cholesterin

Zubereitungszeit: 10–15 Minuten

- Die Fenchelknolle waschen, die äußeren Blätter und die Stiele entfernen. Das feine Fenchelkraut beiseite legen. Die Knolle in sehr dünne Streifen schneiden und auf einen Teller geben.
- Den Apfel waschen, vom Kernhaus befreien und über den Fenchel hobeln. Sofort mit dem Zitronensaft beträufeln, damit der Apfel nicht braun wird.
- Für die Sauce die Dickmilch mit dem Orangensaft vermischen. Das Fenchelkraut kleinschneiden und zusammen mit der Sauce über den Fenchel-Apfel-Salat verteilen.

**Richtige Beilage:** Ofenkartoffel mit Quarkdip (Rezept Seite 57).

Preiswert

## Wirsingsalat mit Birne

*100 g Wirsing · 100 g Birne · 1 Teel. Zitronensaft, frisch gepreßt*
*Für die Sauce: 75 g Joghurt mit 1,5% Fett · 2 Eßl. saure Sahne · 1 Teel. Obstessig · Salz · Pfeffer, frisch gemahlen · edelsüßes Paprikapulver*

Etwa: 600 kJ/140 kcal
8 g Eiweiß · 4 g Fett · 20 g Kohlenhydrate · 5 g Ballaststoffe · 7 mg Cholesterin

Zubereitungszeit: 15–20 Minuten

- Welke Blätter vom Wirsing entfernen, das Strunkende abschneiden und den Wirsing gut waschen. Den Kopf vierteln und fein hobeln.
- Die Birne waschen, schälen, vom Kernhaus befreien und in 1 cm große Würfel schneiden. Sofort mit dem Zitronensaft beträufeln.
- Die Birnenwürfel und die Wirsingstreifen auf einem Salatteller anrichten.
- Den Joghurt mit der sauren Sahne verrühren. Mit dem Obstessig, etwas Salz, Pfeffer und Paprikapulver pikant abschmecken und kurz vor dem Servieren über den Salat gießen.

**Richtige Beilage:** 1 Roggenvollkornbrötchen (etwa 50 g) und 20 g Tilsiter Käse mit 30% Fett.

Schnell

## Kohlrabisalat

*1 Teel. Sonnenblumenkerne · 100 g Kohlrabi · 75 g Joghurt mit 1,5% Fett · 20 g Magerquark · 1 Teel. Zitronensaft, frisch gepreßt*
Etwa: 470 kJ/110 kcal
9 g Eiweiß · 4 g Fett · 10 g Kohlenhydrate · 2 g Ballaststoffe · 0 mg Cholesterin

Zubereitungszeit: 15–20 Minuten

- Die Sonnenblumenkerne grob zerschneiden und in einer beschichteten Pfanne ohne Fettzugabe goldbraun rösten.
- Den Kohlrabi waschen, schälen, von holzigen Stellen befreien und fein raspeln.
- Den Joghurt mit dem Quark und dem Zitronensaft in einer kleinen Schüssel verrühren und mit dem Kohlrabi vermengen. Die gerösteten Sonnenblumenkerne darüber streuen.

**Richtige Beilage:** 2 Scheiben Krustenbrot (Rezept Seite 89) mit Weizenpaste (Rezept S. 70).

Ganz einfach

## Vitamin-Salatteller

*30 g Kopfsalat (etwa ¼ Kopf) · 1 Tomate · 100 g Salatgurke · 100 g Paprikaschote (rot und grün) · 1 Eßl. gemischte Sprossen (10 g), zum Beispiel Soja, Radieschen*
*Für die Marinade: 150 g Magerjoghurt · 1 Teel. Zitronensaft, frisch gepreßt · ½ Teel. ungesüßter Sanddornsaft*
Etwa: 450 kJ/110 kcal
9 g Eiweiß · 1 g Fett · 15 g Kohlenhydrate · 6 g Ballaststoffe · 0 mg Cholesterin

Zubereitungszeit: etwa 20 Minuten

- Den Kopfsalat waschen, trockenschütteln und in Stücke pflücken. Das Gemüse waschen. Die Tomate vom Stielansatz befreien und in Scheiben schneiden. Die Salatgurke schälen und hobeln. Die Paprikaschote von Kernen und weißen Rippen befreien und in Streifen schneiden. Die Sprossen kurz kalt abbrausen und abtropfen lassen.
- Alle Salatzutaten auf einer Platte anrichten.
- Für die Marinade den Joghurt mit dem Zitronensaft und dem Sanddornsaft verrühren und über den Salat verteilen.

**Richtige Beilage:** 1 Partybrötchen (Rezept Seite 94) mit 1 Teelöffel Butter.

# Warme Abendessen

Das Abendessen soll sättigen, aber unsere Verdauung nicht stark belasten, eine Forderung, die nicht nur für die kalorienreduzierte Kost, sondern für jede abendliche Mahlzeit gilt. Die folgenden leichten warmen Gerichte sind so gestaltet, daß sie – ebenso wie die kalten Speisen im vorangegangenen Kapitel – Ihren täglichen Nährwertbedarf abrunden, vorzüglich schmekken und viel Abwechslung bieten.

Schmeckt kalt auch sehr gut

## Hirsepfannkuchen mit Sauerkirschquark

Bild Umschlag-Rückseite

*Für den Teig: 30 g Hirse, fein gemahlen · 50 ccm Milch mit 1,5% Fett · ½ Ei (Gewichtsklasse 4) · 1 Prise Salz*
*Für die Füllung: 100 g Quark mit 20% Fett · 1 Eßl. saure Sahne · 1 Teel. Honig · 75 g frische Sauerkirschen*
*Zum Backen: 1 Teel. Sonnenblumenöl*
Etwa: 1600 kJ/380 kcal
22 g Eiweiß · 16 g Fett · 36 g Kohlenhydrate · 4 g Ballaststoffe · 180 mg Cholesterin

Vorbereitungszeit: 20–25 Minuten
Backzeit: etwa 15 Minuten

- Das Hirsemehl mit der Milch, dem Ei und dem Salz in einer kleinen Schüssel zu einem glatten Teig verrühren. Etwa 10 Minuten quellen lassen.
- Für die Füllung den Quark mit der sauren Sahne und dem Honig glattrühren.
- Die Kirschen waschen, trockentupfen und entkernen.
- Das Sonnenblumenöl in einer Pfanne erhitzen, den Hirseteig hineingießen, glattstreichen und bei mittlerer bis schwacher Hitze einen Pfannkuchen daraus backen; das dauert pro Seite etwa 7 Minuten. Den fertigen Hirsepfannkuchen auf einen vorgewärmten Teller legen.
- Die Quarkmasse auf eine Hälfte des Pfannkuchens streichen, die Kirschen darüber verteilen und die zweite Hälfte des Pfannkuchens darüberklappen.

**Tip:** Damit Sie dieses köstliche Gericht jederzeit problemlos zubereiten können, sollten Sie zur Saison Sauerkirschen in kleinen Portionen einfrieren.

Preiswert · Ganz einfach

## Bohnengemüse mit Bordeaux-Kartoffeln

*Für das Gemüse: 250 g grüne Bohnen · ½ Teel. Butter · ½ Knoblauchzehe · 1 Teel. Zwiebel gehackt · ⅛ l Wasser · Salz · Pfeffer, frisch gemahlen · 1 Teel. Bohnenkraut, frisch gehackt*
*Für die Kartoffeln: 100 g Kartoffeln · ½ Teel. Sonnenblumenöl · 1 Teel. Zwiebel, gehackt · Salz · ½ Knoblauchzehe · getrockneter Thymian oder Rosmarin · 100 ccm Wasser*
Etwa: 910 kJ/220 kcal
9 g Eiweiß · 6 g Fett · 32 g Kohlenhydrate · 10 g Ballaststoffe · 8 mg Cholesterin

Vorbereitungszeit: 20–25 Minuten
Garzeit: 30–35 Minuten

- Die Bohnen waschen, die Spitzen und Enden abschneiden.
- Die Butter in einem breiten Topf erhitzen. Die Knoblauchzehe schälen, kleinhacken und zusammen mit der Zwiebel in der heißen Butter glasig braten.
- Die Bohnen hinzufügen, von allen Seiten an-

braten und mit dem Wasser aufgießen. Mit etwas Salz, Pfeffer und dem Bohnenkraut würzen und im geschlossenen Topf bei schwacher Hitze in 30–35 Minuten weich dünsten.

- Den Backofen auf 200° vorheizen.
- Die Kartoffeln schälen, waschen und in etwa 2 cm große Würfel schneiden.
- Das Sonnenblumenöl in einem kleinen Topf erhitzen und die Zwiebelwürfel darin glasig braten.
- Die Kartoffelwürfel hinzufügen und von allen Seiten anbraten. Mit etwas Salz, dem durchgepreßten Knoblauch und Thymian oder Rosmarin pikant abschmecken. Die Kartoffeln mit dem Wasser aufgießen und zugedeckt im heißen Backofen auf der mittleren Schiene etwa 20 Minuten garen. Kurz vor Ende der Garzeit probieren, ob die Kartoffelwürfel weich sind.
- Die Bohnen mit den Bordeaux-Kartoffeln auf einem vorgewärmten Teller anrichten.

**Richtige Beilage:** Tofusauce (Rezept Seite 54).

Raffiniert

## Gemüseplatte

*100 g Broccoli · 1⅛ l Wasser · Salz · 100 g Spargel · 1 Teel. Zitronensaft, frisch gepreßt · 50 g junge Möhren/Karotten · 1½ Teel. Butter · 1 Teel. Vollkornbrösel*

Etwa: 515 kJ/125 kcal
7 g Eiweiß · 8 g Fett · 10 g Kohlenhydrate · 7 g Ballaststoffe · 19 mg Cholesterin

Vorbereitungszeit: etwa 15 Minuten
Garzeit: etwa 35 Minuten

- Den Broccoli waschen, große Blätter und die holzigen Stielenden abschneiden. Den Kohl in Röschen teilen. ½ l Wasser mit etwas Salz zum Kochen bringen. Den Broccoli darin zugedeckt bei schwacher Hitze in etwa 15 Minuten weich kochen.
- Währenddessen den Spargel waschen. Die Stangen vorsichtig von der Spitze zum Ende schälen und die holzigen Enden abschneiden. Die Spargelstangen mit Küchengarn zusammenbinden.
- ½ l Wasser mit 1 Prise Salz in einem breiten Topf zum Kochen bringen. Das Spargelbündel hineinlegen. Den Zitronensaft hinzufügen und den Spargel zugedeckt bei schwacher Hitze in etwa 20 Minuten weich kochen.
- Inzwischen die Möhren waschen, gründlich bürsten und in dünne Stifte schneiden. 1 Teelöffel Butter in einem Topf erhitzen. Die Möhrenstifte darin kurz andünsten, dann mit ⅛ l Wasser aufgießen, mit 1 Prise Salz und dem Anispulver würzen und in etwa 5 Minuten zugedeckt bei schwacher Hitze bißfest dünsten.
- Den Broccoli und den Spargel aus dem Sud nehmen. Das Garn vom Spargel entfernen. Alle Gemüse auf einer vorgewärmten Platte anrichten.
- ½ Teelöffel Butter in einer Pfanne erhitzen und die Vollkornbrösel darin goldbraun braten. Vor dem Servieren über das Gemüse streuen.

**Tip:** Den Spargelsud nicht wegschütten. Mit etwas Petersilie verfeinert können Sie ihn kalt oder warm trinken.

**Richtige Beilage:** Kartoffelschnee (Rezept Seite 57).

Kann vorbereitet werden · Schmeckt kalt auch sehr gut

## Grünkernpastete

Diese Grünkernpastete gelingt am besten, wenn sie nicht als Einzelportion, sondern als großer Laib hergestellt wird – sie bekommt eine schöne Kruste und bleibt innen saftig. Was Sie mit der Familie oder mit Freunden nicht aufessen, läßt sich gut portionsweise einfrieren.

*Zutaten für 10 Portionen:*
*50 g Möhre · 50 g Knollensellerie · 50 g Lauch · ¾ l Gemüsebrühe · 200 g Grünkern, grob geschrotet · ½ kleine Zwiebel · 2 Eier (Gewichtsklasse 4) · 120 g Vollkornbrösel · Salz · Pfeffer, frisch gemahlen · ½ Knoblauchzehe · 2 Teel. Petersilie, frisch gehackt*
Bei 10 Portionen pro Portion etwa: 560 kJ/130 kcal
6 g Eiweiß · 3 g Fett · 22 g Kohlenhydrate · 3 g Ballaststoffe · 63 mg Cholesterin

Vorbereitungszeit: 20–25 Minuten
Kühlzeit: etwa 10 Minuten
Backzeit: 45–50 Minuten

- Das Gemüse gründlich waschen. Die Möhre und den Sellerie schälen und auf einer Rohkostreibe fein raspeln. Den Lauch putzen und kleinschneiden.
- Die Gemüsebrühe zum Kochen bringen. Den Grünkernschrot in die Gemüsebrühe einstreuen. Das Gemüse in den kochenden Grünkernbrei geben und den Schrot zugedeckt bei schwacher Hitze etwa 20 Minuten ausquellen lassen. Kühl stellen.
- Den Backofen auf 200° vorheizen.
- Die Zwiebel schälen, kleinhacken und mit den Eiern sowie den Vollkornbrösel zum ausgekühlten Schrotbrei geben. Mit etwas Salz, Pfeffer und dem durchgepreßten Knoblauch pikant würzen. Den Teig so lange vermengen, bis er eine feine gleichmäßige Konsistenz hat.
- Ein Backblech mit etwas Wasser bespritzen. Aus dem Teig einen Laib formen, ebenfalls mit Wasser bestreichen und auf das Blech setzen. Im vorgeheizten Ofen auf der mittleren Schiene 45–50 Minuten backen, bis die Oberfläche eine schöne braune Farbe angenommen hat.

**Tip:** Sie können den Grünkernbrei auch einen Tag zuvor zubereiten, so ersparen Sie sich am Tag der Zubereitung die Gar- und Auskühlzeit.

**Richtige Beilage:** Broccoli mit Sesam (Rezept Seite 64) und 100 g Pellkartoffeln.

Preiswert · Ganz einfach

## Bunter Gemüsetopf

*100 g Zucchini · 1 Tomate · 50 g Fenchel · 100 g Blumenkohl · ½ Zwiebel · 1 Teel. Butter · ⅛ l Gemüsebrühe · Salz · Pfeffer, frisch gemahlen · 1 Prise edelsüßes Paprikapulver · 1 Teel. Schnittlauch, frisch kleingeschnitten*
Etwa: 580 kJ/140 kcal
8 g Eiweiß · 6 g Fett · 14 g Kohlenhydrate · 9 g Ballaststoffe · 12 mg Cholesterin

Vorbereitungszeit: etwa 15 Minuten
Garzeit: 20–25 Minuten

- Alle Gemüse waschen und trockentupfen.
- Die Zucchini in Scheiben schneiden, dabei Spitze und Stielansatz entfernen. Die Tomaten ebenfalls vom Stielansatz befreien und kleinschneiden. Den Fenchel putzen und in Streifen schneiden. Den Blumenkohl in Röschen teilen. Die Zwiebel schälen und kleinhacken.

• In einem flachen Topf die Butter erhitzen und die Zwiebel darin glasig braten. Die Fenchelstreifen und die Blumenkohlröschen hinzufügen. Die Gemüsebrühe darangießen und das Gemüse in 20–25 Minuten bei schwacher Hitze zugedeckt weich kochen.
• Etwa 5 Minuten vor Ende der Garzeit die Zucchinischeiben und die Tomatenstücke hinzufügen und mitdünsten.
• Das Gemüse mit etwas Salz, Pfeffer und dem Paprikapulver würzen und mit dem Schnittlauch bestreuen.

**Richtige Beilage:** Petersilienreis (Rezept Seite 58).

Raffiniert · Kann vorbereitet werden

## Weizen-Gemüse-Pfanne

Bild nebenstehend

*30 g Weizen · ¼ l Wasser · 100 g grüne Paprikaschote · 1 Fleischtomate (200 g) · 1 Teel. Butter · 1 Schalotte · Salz · Pfeffer, frisch gemahlen · edelsüßes Paprikapulver · ½ Knoblauchzehe · 1 Eßl. saure Sahne*
Etwa: 860 kJ/200 kcal
8 g Eiweiß · 7 g Fett · 29 g Kohlenhydrate · 10 g Ballaststoffe · 15 mg Cholesterin

Quellzeit: 12 Stunden (über Nacht)
Vorbereitungszeit: etwa 15 Minuten
Garzeit: 30–35 Minuten

• Die Weizenkörner in ⅛ l Wasser über Nacht quellen lassen; kühl stellen.
• Den Weizen mit dem Einweichwasser zum Kochen bringen und im geschlossenen Topf bei schwacher Hitze in etwa 30 Minuten weich kochen.
• Inzwischen das Gemüse waschen. Die Paprikaschote von Kernen und weißen Rippen befreien, dann in dünne Streifen schneiden. Von der Tomate den Stielansatz und die Kerne entfernen und das Fruchtfleisch in kleine Würfel schneiden.
• Die Butter in einer Bratpfanne erhitzen. Die Schalotte schälen, kleinschneiden und in der heißen Butter glasig braten.
• Das vorbereitete Gemüse zur Schalotte geben, unter mehrmaligem Wenden leicht anbraten. Mit ⅛ l Wasser ablöschen. Das Gemüse bei schwacher Hitze 5–7 Minuten garen.
• Den Weizen unter das Gemüse mischen. Alles mit Salz, Pfeffer, Paprikapulver und dem durchgepreßten Knoblauch pikant würzen. Die Weizenpfanne zum Schluß mit der sauren Sahne verfeinern.

**Tip:** Den Weizen können Sie sehr gut vorbereiten. Kochen Sie am besten gleich die doppelte Menge. Was Sie nicht sofort brauchen, können Sie 3–4 Tage im Kühlschrank aufbewahren.

**Richtige Beilage:** Kopfsalat mit Sauerampfersauce (Rezept Seite 60).

Ein Abendessen, das satt macht, aber nicht belastet, ist die herzhafte Weizen-Gemüse-Pfanne. Rezept auf dieser Seite. ▷

Raffiniert

## Pilzsteak

Bild nebenstehend

*150 g Egerlinge oder Champignons · ½ kleine Zwiebel · 1 Teel. Butter · Salz · 1 Prise Pfeffer, frisch gemahlen · Knoblauchpulver · ½ Vollkornbrötchen · 1 Teel. Petersilie, frisch gehackt · 1 Teel. Weizen, frisch gemahlen · 1 Teel. Weizenkeime*
*Zum Backen: ½ Teel. Sonnenblumenöl*
Etwa: 800 kJ/190 kcal
9 g Eiweiß · 9 g Fett · 20 g Kohlenhydrate · 6 g Ballaststoffe · 12 mg Cholesterin

Vorbereitungszeit: etwa 20 Minuten
Bratzeit: 10–15 Minuten

- Die Pilze putzen, waschen und in dünne Scheiben schneiden. Die Zwiebel schälen und kleinhacken.
- Die Butter in einer Pfanne erhitzen und die Zwiebeln glasig braten.
- Die Pilze zu den Zwiebeln geben. Mit Salz, dem Pfeffer sowie Knoblauchpulver pikant würzen und in etwa 10 Minuten weich dünsten. Die Pilze anschließend erkalten lassen.
- Inzwischen das Brötchen in Wasser etwa 5 Minuten einweichen.
- Das eingeweichte Brötchen gut ausdrücken und zusammen mit der Petersilie, dem Weizenmehl und den Weizenkeimen zu den Pilzen geben. Die Masse gut vermengen und zu einem flachen Steak formen.
- In einer beschichteten Pfanne das Sonnenblumenöl erhitzen. Das Pilzsteak von beiden Seiten bei mittlerer bis schwacher Hitze unter mehrmaligem Wenden in 10–15 Minuten goldbraun braten.

**Richtige Beilage:** Feldsalat mit Buttermilchdressing (Rezept Seite 59) und 80 g Pellkartoffeln.

◁ Das Pilzsteak ist eine raffinierte Alternative zu Fleisch. Rezept auf dieser Seite. Besonders köstlich schmeckt der herzhafte Feldsalat mit Buttermilchdressing dazu. Rezept Seite 59.

Schnell

## Champignongemüse nach italienischer Art

*½ kleine Zwiebel · 100 g Champignons · 1 Teel. Butter · 100 g Tomaten · Salz · Pfeffer, frisch gemahlen · 1 Teel. Basilikum, frisch gehackt*
Etwa: 330 kJ/80 kcal
4 g Eiweiß · 5 g Fett · 5 g Kohlenhydrate · 5 g Ballaststoffe · 12 mg Cholesterin

Vorbereitungszeit: etwa 15 Minuten
Garzeit: 10–15 Minuten

- Die Zwiebel schälen und kleinhacken. Die Champignons putzen, waschen und in Scheiben schneiden.
- Die Butter in einem flachen Topf erhitzen. Die Zwiebel in der heißen Butter glasig braten.
- Die Champignons zu den Zwiebeln geben und unter mehrmaligem Wenden bei schwacher Hitze etwa 10 Minuten dünsten.
- Die Tomaten mit kochendheißem Wasser überbrühen, häuten, entkernen, dabei vom

Stielansatz befreien und kleinschneiden. Die Stücke zusammen mit den Champignons weitere 5 Minuten dünsten.
• Das Gemüse mit etwas Salz und Pfeffer würzen. Das Basilikum über das fertige Gemüse streuen.

**Richtige Beilage:** Kräuterkartoffeln (Rezept Seite 56) und gemischter Salat (Rezept Seite 62).

Schmeckt kalt auch sehr gut

## Pikante Hörnchen

*Zutaten für 10 Hörnchen:*
*200 g Weizen, frisch gemahlen · ½ Päckchen Weinstein oder Natur-Backpulver · 70 g kalte Butter · 1 Ei (Gewichtsklasse 4) · 50 g Magerquark · 1 Prise Salz*
*Für die Füllung: 200 g Magerquark · 10 g Emmentaler Käse mit 45% Fett, frisch gerieben · 1 Teel. Kräuter (Petersilie, Dill, Schnittlauch), frisch gehackt · 1 Prise Salz · Pfeffer, frisch gemahlen · 1 Prise Muskatnuß, frisch gerieben*
Pro Stück etwa: 610 kJ/150 kcal
7 g Eiweiß · 8 g Fett · 13 g Kohlenhydrate · 1 g Ballaststoffe · 49 mg Cholesterin

Vorbereitungszeit: etwa 40 Minuten
Backzeit: etwa 20 Minuten

• Das Weizenvollkornmehl und den Weinstein oder das Backpulver auf einer Arbeitsplatte mischen und in die Mitte eine Mulde drücken. Die Butter in Flöckchen über das Mehl verteilen.
• Das Ei, den Quark und das Salz in die Mulde geben und alle Zutaten rasch zu einem glatten Teig verkneten. Den Teig zu einer Kugel formen und zugedeckt etwa 15 Minuten kühl stellen.
• Inzwischen für die Füllung den Quark in eine Schüssel geben. Den Käse, die Kräuter, das Salz, etwas Pfeffer und den Muskat hinzufügen und die Masse mit einem Schneebesen gut verrühren.
• Den Backofen auf 200° vorheizen. Ein Backblech mit Backpapier auslegen.
• Den Teig messerrückendick zu einer runden Platte ausrollen, diese in 10 Segmente teilen.
• Die Füllung auf das breite Stück der Teigdreiecke verteilen und diese zu Hörnchen aufrollen.
• Die Hörnchen auf das vorbereitete Backblech setzen und im heißen Ofen auf der unteren Schiene etwa 20 Minuten backen, bis sie sich goldbraun färben.

**Tip:** Restliche Hörnchen können Sie sehr gut einzeln einfrieren.

**Richtige Beilage:** Salatteller mit Sanddornsauce (Rezept Seite 61).

Schmeckt kalt auch sehr gut

## Italienischer Toast

*2 Scheiben Vollkorntoast (etwa 50 g) · 2 kleine Blätter Kopfsalat · 1 Fleischtomate (etwa 150 g) · 1 Prise Salz · Pfeffer, frisch gemahlen · 1 Teel. Basilikum, frisch gehackt · 20 g Mozzarellakäse*
Etwa: 860 kJ/200 kcal
10 g Eiweiß · 6 g Fett · 28 g Kohlenhydrate · 5 g Ballaststoffe · 0 mg Cholesterin

Vorbereitungszeit: etwa 10 Minuten
Backzeit: 10–15 Minuten

• Den Backofen auf 200° vorheizen.
• Die Toastscheiben auf ein Blech legen. Die

Kopfsalatblätter waschen, trockenschütteln und auf die Toastbrote legen.
- Die Tomate waschen, vom Stielansatz befreien und in dünne Scheiben schneiden. Fächerförmig auf den Toasts verteilen. Mit dem Salz, Pfeffer und dem Basilikum würzen.
- Den Mozzarella in dünne Scheiben schneiden und obenauf legen. Die Toasts im Ofen auf der oberen Schiene 10–15 Minuten überbacken, bis der Käse schmilzt.

**Richtige Beilage:** Salatteller mit Sanddornsauce (Rezept Seite 61).

Ganz einfach · Braucht etwas Zeit

## Gemüsetoast

*1½ Scheiben Vollkorntoast (etwa 40 g) · 100 g Broccoli · 100 g Möhre · Salz · 1 Teel. Butter · Pfeffer, frisch gemahlen · 1 Messerspitze edelsüßes Paprikapulver · 10 g Edamer Käse mit 30% Fett, frisch gerieben*

Etwa: 920 kJ/220 kcal
10 g Eiweiß · 9 g Fett · 24 g Kohlenhydrate · 8 g Ballaststoffe · 17 mg Cholesterin

Vorbereitungszeit: 25–30 Minuten
Backzeit: 10–15 Minuten

- Die Brotscheiben toasten oder im Ofen leicht bräunen.
- Das Gemüse waschen. Den Broccoli von großen Blättern und dem holzigen Stielende befreien und in kleine Röschen teilen. Die Möhren gut bürsten und in feine Stifte schneiden.
- Einen Topf mit Salzwasser zum Kochen bringen. Das Gemüse in das kochende Salzwasser geben und bei schwacher Hitze zugedeckt 5–10 Minuten garen.
- Den Broccoli und die Möhrenstifte mit einem Schaumlöffel aus dem Wasser nehmen und abtropfen lassen.
- Den Backofen auf 220° vorheizen.
- Die Toastbrote mit der Butter bestreichen und das Gemüse darauf verteilen. Mit Salz, Pfeffer und dem Paprikapulver pikant würzen.
- Den Käse auf den Toasts verteilen, diese auf ein Backblech setzen und im heißen Ofen auf der oberen Schiene 10–15 Minuten überbakken, bis sich die Käsehaube appetitlich goldbraun färbt.

**Richtige Beilage:** Birnen-Chicorée-Schiffchen (Rezept Seite 59).

Preiswert · Ganz einfach

## Gurke mit Buchweizenfüllung

Bild Umschlag-Rückseite

*½ kleine Salatgurke (etwa 100 g) · 100 ccm Wasser · 15 g Buchweizengrütze · Salz · Pfeffer, frisch gemahlen · 1 Tomate · 10 g Emmentaler Käse mit 45% Fett, frisch gerieben · 1 Eßl. saure Sahne · 1 Teel. Basilikum, frisch gehackt · ⅛ l Gemüsebrühe*

Etwa: 590 kJ/140 kcal
7 g Eiweiß · 5 g Fett · 6 g Kohlenhydrate · 3 g Ballaststoffe · 13 mg Cholesterin

Vorbereitungszeit: etwa 15 Minuten
Backzeit: etwa 30 Minuten

- Die Gurke waschen, schälen und der Länge nach halbieren. Mit einem Teelöffel die Kerne vorsichtig herauslösen.
- Für die Füllung das Wasser zum Kochen bringen. Die Buchweizengrütze hineinstreuen und in etwa 5 Minuten bei schwacher Hitze unter

mehrmaligem Umrühren ausquellen lassen. Mit etwas Salz und Pfeffer pikant würzen.
- Den Backofen auf 220° vorheizen.
- Die Tomate waschen, vom Stielansatz befreien und in dünne Scheiben schneiden.
- Die Buchweizenfüllung in die Gurkenhälften verteilen und die Tomatenscheiben fächerförmig darauf legen. Den Käse mit der sauren Sahne und dem Basilikum vermengen und auf die Tomaten streichen.
- Die gefüllten Gurkenhälften in eine Auflaufform setzen. Die Gemüsebrühe dazugießen. Das Gericht im heißen Ofen auf der mittleren Schiene etwa 30 Minuten backen, bis sich die Haube goldbraun färbt.

**Richtige Beilage:** Endiviensalat (Rezept S. 61).

Schmeckt kalt auch sehr gut

## Aubergine mit Tofufüllung

*1 Aubergine · 1 Teel. Zitronensaft, frisch gepreßt · 60 g Tofu · ½ kleine Zwiebel · ½ Teel. Butter · ½ Knoblauchzehe · 1 Prise Pfeffer, frisch gemahlen · Salz · 1 Fleischtomate (etwa 150 g) · 1 Teel. Petersilie oder Basilikum, frisch gehackt · 10 g Emmentaler Käse mit 45% Fett, frisch gerieben · ⅛ l Gemüsebrühe*
Etwa: 830 kJ/200 kcal
12 g Eiweiß · 10 g Fett · 16 g Kohlenhydrate · 7 g Ballaststoffe · 16 mg Cholesterin

Vorbereitungszeit: etwa 20 Minuten
Backzeit: etwa 45 Minuten

- Die Aubergine waschen, der Länge nach halbieren und etwas aushöhlen. Das Fruchtfleisch sofort mit Zitronensaft beträufeln, damit es sich nicht braun färbt.
- Den Tofu mit einer Gabel zerdrücken. Die Zwiebel schälen und kleinhacken.
- Die Butter in einer Pfanne erhitzen. Die Zwiebel darin glasig braten. Den Tofu hinzufügen und unter mehrmaligem Wenden anbraten. Mit dem durchgepreßten Knoblauch, dem Pfeffer und etwas Salz pikant würzen.
- Den Backofen auf 200° vorheizen.
- Die Tomate waschen, vom Stielansatz und den Kernen befreien und zusammen mit dem Auberginenfruchtfleisch in kleine Würfel schneiden. Mit dem Tofu und der Petersilie vermengen. Die Füllung in die Auberginenhälften füllen. Den geriebenen Käse darüber streuen.
- Die Auberginen in eine Auflaufform setzen. Die Gemüsebrühe dazugießen und das Gericht im heißen Ofen auf der mittleren Schiene etwa 45 Minuten backen, bis die Auberginenhälften weich sind und sich der Käse goldbraun gefärbt hat.

**Tip:** Damit der Käse nicht zu schnell braun wird, decken Sie die Aubergine in den ersten 30 Minuten mit Alufolie ab.

**Richtige Beilage:** 50 g Petersilienreis (Rezept Seite 58).

Raffiniert

## Gefüllte Chicoréeschiffchen

*1 große Staude Chicorée · 1 Teel. Butter · 100 g Suppengemüse (Möhre, Knollensellerie, Lauch) · ⅛ l Wasser · Salz · Pfeffer, frisch gemahlen · 1 Messerspitze Currypulver · 1 Eßl. Weizen, frisch geschrotet · ⅛ l Gemüsebrühe*
Etwa: 630 kJ/150 kcal
7 g Eiweiß · 6 g Fett · 17 g Kohlenhydrate · 5 g Ballaststoffe · 12 mg Cholesterin

Vorbereitungszeit: 20–25 Minuten
Garzeit: 20–25 Minuten

• Den Chicorée waschen, welke Blätter entfernen, die Staude der Länge nach halbieren und den Strunk kegelförmig herausschneiden.

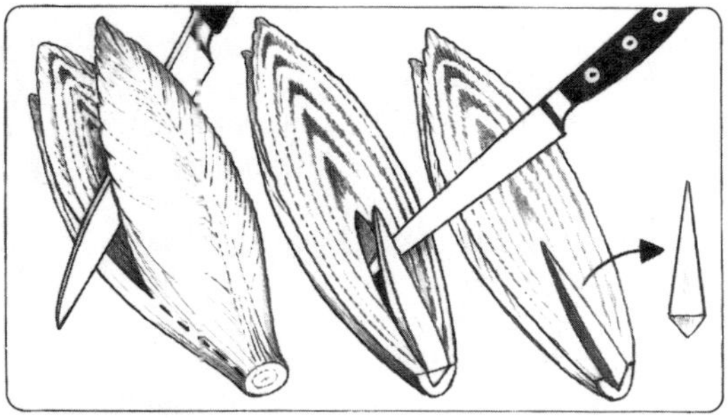

Die Chicoréestauden gründlich waschen und längs halbieren. Dann läßt sich der bittere Strunk wie ein Keil herausschneiden.

• Einen breiten flachen Topf mit der Butter ausfetten und mit den Chicoréeblättern belegen.
• Das Suppengemüse waschen. Die Möhre gut bürsten und auf einer Rohkostraffel reiben. Den Sellerie schälen und ebenfalls reiben. Den Lauch putzen und kleinschneiden.
• Das Wasser zum Kochen bringen, das Gemüse hineingeben, mit etwas Salz, Pfeffer und dem Curry würzen und etwa 5 Minuten garen.
• Das Gemüse mit dem Weizenschrot binden und als Füllung in die vorbereiteten Chicoréeblätter verteilen. Die Gemüsebrühe seitlich zugießen und die gefüllten Schiffchen im geschlossenen Topf bei schwacher Hitze in 20–25 Minuten weich dünsten.

**Richtige Beilage:** Ofenkartoffel mit Quarkdip (Rezept Seite 57).

Preiswert · Ganz einfach

## Schichtkartoffeln

*100 g Kartoffeln · 100 g Tomaten · Salz · 1 Prise Pfeffer, frisch gemahlen · ½ Teel. Butter · 1 Teel. Sesamsamen · 1 Eßl. Magerquark · 2 Eßl. saure Sahne · ½ Ei (Gewichtsklasse 4) · ½ Bund Schnittlauch*
Etwa: 960 kJ/230 kcal
12 g Eiweiß · 11 g Fett · 21 g Kohlenhydrate · 6 g Ballaststoffe · 170 mg Cholesterin

Vorbereitungszeit: etwa 20 Minuten
Garzeit: etwa 45 Minuten

• Die Kartoffeln schälen, waschen und in Scheiben schneiden. Die Tomaten waschen, halbieren, vom Stielansatz befreien und ebenfalls in Scheiben schneiden.
• Die Kartoffel- und die Tomatenscheiben fächerförmig in eine feuerfeste Form schichten. Mit Salz und dem Pfeffer würzen.
• Die Butter in einer Pfanne erhitzen, den Sesam darin bräunen und über die Kartoffeln und Tomaten geben.
• Den Backofen auf 220° vorheizen.
• Den Quark mit der sauren Sahne und dem Ei in einer kleinen Schüssel verquirlen und über die Schichtkartoffeln gießen.
• Die Form mit Alufolie abdecken und das Gericht im heißen Backofen auf der unteren Schiene etwa 45 Minuten garen.
• Vor dem Servieren den Schnittlauch waschen, trockenschütteln, kleinschneiden und über die Schichtkartoffeln streuen.

**Richtige Beilage:** bunter Salat mit Sprossen (Rezept Seite 62).

Kann vorbereitet werden

## Maisgrießschnitten mit Tomaten und Käse

*Für die Schnitten: 150 ccm Wasser · 1 Prise Salz · 40 g Maisgrieß*
*Für den Belag: 2 Tomaten (etwa 200 g) · 1 Teel. Petersilie, frisch gehackt · Salz · 1 Prise Pfeffer, frisch gemahlen · 20 g Edamer Käse mit 30% Fett, frisch gerieben*
Etwa: 940 kJ/220 kcal
11 g Eiweiß · 4 g Fett · 36 g Kohlenhydrate · 4 g Ballaststoffe · 11 mg Cholesterin

Vorbereitungszeit: 15–20 Minuten
Backzeit: etwa 15 Minuten

- Für die Grießschnitten das Wasser mit dem Salz in einem flachen Topf zum Kochen bringen. Den Maisgrieß hineinstreuen und unter Rühren in 10–12 Minuten ausquellen lassen.
- Einen Teller mit Wasser befeuchten. Den Grießbrei auf den Teller streichen und erkalten lassen.
- Inzwischen für den Belag die Tomaten waschen, vom Stielansatz befreien und in dünne Scheiben schneiden.
- Den Backofen auf 250° vorheizen. Ein Backblech mit Backpapier auslegen.
- Die erkaltete Grießplatte in Schnitten schneiden, auf das Backblech stürzen und mit den Tomatenscheiben fächerförmig belegen. Die Petersilie darüber streuen und mit etwas Salz und dem Pfeffer würzen. Den geriebenen Käse darauf verteilen.
- Die Grießschnitten im heißen Ofen auf der oberen Schiene etwa 15 Minuten überbacken, bis der Käse schmilzt und sich goldbraun färbt.

**Richtige Beilage:** Gurkensalat mit Dickmilch (Rezept Seite 60).

Preiswert · Ganz einfach

## Überbackene Kartoffel

*1 Kartoffel (etwa 100 g) · ⅛ l Wasser · 2 Eßl. saure Sahne · Salz · edelsüßes Paprikapulver · ½ Teel. Majoran, frisch gehackt oder getrocknet · 1 Scheibe Edamer Käse mit 30% Fett (10 g)*
Etwa: 500 kJ/120 kcal
6 g Eiweiß · 4 g Fett · 16 g Kohlenhydrate · 3 g Ballaststoffe · 12 mg Cholesterin

Vorbereitungszeit: etwa 35 Minuten
Backzeit: 10–15 Minuten

- Die Kartoffel waschen, bürsten und mit der Schale in dem Wasser in etwa 25 Minuten zugedeckt weich kochen.
- Die Kartoffel schälen, der Länge nach halbieren und in eine kleine feuerfeste Form legen.
- Den Backofen auf 220° vorheizen.
- Die saure Sahne mit etwas Salz, Paprikapulver und dem Majoran vermengen und auf die Kartoffelhälften streichen. Jeweils mit ½ Käsescheibe belegen und im heißen Backofen auf der oberen Schiene 10–15 Minuten überbakken, bis der Käse schmilzt und sich goldbraun färbt.

**Richtige Beilage:** Blattspinat (Rezept Seite 63) und Hafer-Orangen-Drink (Rezept Seite 19).

# Brot und Gebäck

Das große Angebot der verschiedenen Vollkornbrotsorten bietet uns viel Abwechslung. Noch besser schmeckt natürlich ein selbstgebackenes Brot. Nachdem sich Brot gut zum Einfrieren eignet, können Sie sich einen selbstgebackenen Vorrat an Brot oder Brötchen portionsweise einfrieren und bei Bedarf auftauen. Kuchen und Gebäck müssen heute keine »Kalorienbomben« mehr sein. Mit Quark, Joghurt, Buttermilch und Obst lassen sich mit etwas Phantasie köstliche, kalorienarme Backwaren herstellen, die Sie ohne schlechtes Gewissen genießen können.

Braucht etwas Zeit

## Sauerteig, selbstgemacht

Die Mühe für diese Sauerteigherstellung lohnt sich! Brot, das Sie mit dem selbstgemachten Sauerteig zubereiten, schmeckt besonders saftig und ist sehr gut bekömmlich.

*Für den ersten Schritt: 50 g Roggen, frisch gemahlen · 50 ccm lauwarmes Wasser*
*Für den zweiten Schritt: 75 g Roggen, frisch gemahlen · 75 ccm Wasser*
Etwa: 1600 kJ/380 kcal
15 g Eiweiß · 3 g Fett · 76 g Kohlenhydrate · 15 g Ballaststoffe · 0 mg Cholesterin

Zubereitungszeit: 2 × 5 Minuten
Ruhezeit: 2 × 2 Tage

- Für den ersten Schritt der Sauerteigherstellung das Roggenmehl in eine Schüssel geben und mit dem lauwarmen Wasser anrühren. (Das Wasser sollte auf etwa 40° erwärmt sein.)
- Die Schüssel mit einem Teller zudecken und an einem zugfreien Platz 2 Tage stehen lassen.
- Für den zweiten Schritt das Roggenmehl und das lauwarme Wasser vorsichtig mit einem Kochlöffel unter den leicht säuerlichen Teig rühren.
- Den Sauerteig weitere 2 Tage stehen lassen. Er ist fertig, wenn er ein säuerliches Aroma angenommen und sich sein Volumen vergrößert hat.

**Sauerteig aufbewahren:** Bevor Sie den Sauerteig zum Brotteig geben, nehmen Sie etwa 50 g davon ab und wickeln ihn in eine Folie. So hält er sich im Kühlschrank etwa 1 Woche.
Zur Herstellung von neuem Sauerteig geben Sie den aufbewahrten Rest in eine Schüssel, rühren 100 g Roggenvollkornmehl und 100 g lauwarmes Wasser hinein und lassen den Teig an einem zugfreien, warmen Platz 1 Tag ruhen, bis er leicht säuerlich riecht.

**Tip:** Sie können natürlich auch Sauerteig frisch beim Bäcker oder als Extrakt im Reformhaus kaufen, wenn Sie keine Zeit haben, ihn selbst herzustellen.

Läßt sich gut einfrieren

## Krustenbrot

Dieses Brot sollten Sie nicht nur mit Hefe zubereiten. Durch die Zugabe von Sauerteig erhält es einen typisch würzigen Geschmack und die Kruste gelingt besser.

*Zutaten für 1 Brot:*
*250 g Weizen, frisch gemahlen · 200 g Roggen, frisch gemahlen · 40 g frische Hefe · 200 ccm lauwarmes Wasser · 250 g Sauerteig (Rezept nebenstehend) · Kümmel · Koriander · 25 g Salz*

Bei 30 Scheiben pro Scheibe etwa:
230 kJ/55 kcal
2 g Eiweiß · 0 g Fett · 11 g Kohlenhydrate ·
3 g Ballaststoffe · 0 mg Cholesterin

Vorbereitungszeit: etwa 1 Stunde
Ruhezeit: etwa ½ Stunde
Backzeit: etwa 60 Minuten

- Das Weizen- und Roggenmehl in einer großen Schüssel mischen. In die Mitte eine Mulde drücken. Die zerbröckelte Hefe mit einem Teil des lauwarmen Wassers hinzufügen und verrühren. Den Vorteig, mit einem Küchentuch bedeckt an einem warmen Platz etwa 15 Minuten ruhen lassen.
- Wenn sich der Vorteig vergrößert hat, den Sauerteig, das restliche lauwarme Wasser, etwas Kümmel, Koriander und das Salz hinzufügen und den Teig so lange kneten, bis er glatt und geschmeidig ist. Den Teig an einem warmen, zugfreien Platz etwa 1½ Stunden zugedeckt ruhen lassen.
- Den Backofen auf 220° vorheizen. Ein Backblech leicht mit Mehl bestäuben.
- Wenn sich das Volumen verdoppelt hat, den Teig durchkneten, zu einem Laib formen und auf das vorbereitete Blech legen. Mit etwas Wasser bestreichen und nach Geschmack mit Kümmel oder Koriander bestreuen.
- Das Brot im heißen Ofen auf der unteren Schiene in etwa 60 Minuten braun backen.

**Tip:** Wenn Sie bei diesem Brot eine besonders knusprige Kruste erhalten wollen, geben Sie den geformten Laib vor dem Backen in eine Bratfolie, stechen einige Luftlöcher in die Folie, verschließen sie nach Vorschrift und legen das Brot anschließend auf das Backblech.

**Variante: Roggenbrot**
Anstelle des Weizens nur Roggen verwenden.

Raffiniert

## Weizenbrot mit Möhren

Bild nebenstehend

*Zutaten für 1 Brot:*
*40 g Weizen · 250 g Weizen, frisch gemahlen · 20 g frische Hefe · 100 ccm lauwarmes Wasser · 100 g Möhren · 1 Teel. Salz*
Bei 8 Scheiben pro Scheibe etwa:
490 kJ/120 kcal
5 g Eiweiß · 1 g Fett · 23 g Kohlenhydrate ·
2 g Ballaststoffe · 0 mg Cholesterin

Quellzeit: 12 Stunden (über Nacht)
Vorbereitungszeit: etwa 40 Minuten
Ruhezeit: etwa 1 ½ Stunden
Backzeit: etwa 40 Minuten

- Die Weizenkörner in Wasser (bedeckt) einweichen und zugedeckt über Nacht quellen lassen.
- Am nächsten Tag das Mehl in eine weite Schüssel geben und in die Mitte eine Mulde drücken. Die Hefe hineinbröseln, etwas lauwarmes Wasser dazugießen und mit der Hefe verrühren. Den Vorteig zugedeckt an einem warmen Platz etwa 15 Minuten ruhen lassen.

Besonders saftig und ganz einfach gelingt das Weizenbrot mit Möhren (von links nach rechts): Den Hefevorteig anrühren. Die Möhren raspeln. Alle Zutaten gut verkneten. Auf dem Blech einen Brotlaib formen. Das Brot mit Wasser bestreichen. Das duftende braungebackene Brot. Rezept auf dieser Seite. ▷

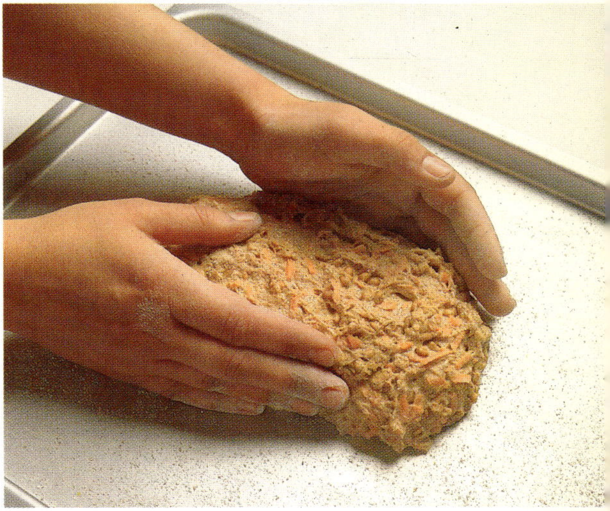

• Inzwischen die Möhren waschen, gut bürsten und auf einer Rohkostreibe fein raspeln.
• Nachdem sich der Vorteig vergrößert hat, das restliche lauwarme Wasser, die Möhrenraspel und das Salz hinzufügen. Die eingeweichten Körner abtropfen lassen und ebenfalls dazugeben. Den Teig mit einem Rührgerät oder Kochlöffel so lange schlagen, bis er Blasen wirft und sich vom Schüsselrand löst.
• Den Hefeteig mit einem Tuch zudecken und bei Zimmertemperatur etwa 1 ½ Stunden gehen lassen.
• Den Backofen auf 200° vorheizen. Ein Backblech leicht bemehlen.
• Sobald sich das Volumen verdoppelt hat, den Brotteig aus der Schüssel nehmen, einen Laib formen und auf das Backblech setzen.
• Das Brot mit etwas Wasser bepinseln und im heißen Ofen auf der mittleren Schiene etwa 40 Minuten backen, bis die Kruste des Brotes eine schöne braune Farbe angenommen hat.

**Variante: Weizenbrötchen mit Möhren**
Aus dem wie oben zubereiteten Hefeteig 8 Brötchen formen, mit etwas Wasser bestreichen und im heißen Ofen 15–20 Minuten backen, bis sich die Brötchen goldbraun färben.

◁ Haben Sie schon mal eine Zucchinitorte probiert? Sie schmeckt bestimmt und ist auch eine feine Überraschung für Gäste. Wenn beim Verzieren Quarkcreme übrig bleibt, servieren Sie sie statt Schlagsahne dazu. Rezept auf dieser Seite.

Raffiniert · Braucht etwas Zeit

## Zucchinitorte

Bild nebenstehend

Diese Torte wird leicht und locker. Sie sieht mit den grünen Flocken sehr lustig aus. Sie hält sich ohne Belag etwa 1 Woche.

*Zutaten für 1 Springform von 28 cm ∅:*
*300 g Zucchini · 4 Eier (Gewichtsklasse 4) · 4 Eßl. lauwarmes Wasser · 100 g Honig · 4 Eßl. Kirschgeist oder ungesüßter Kirschsaft · 150 g Weizen, frisch gemahlen · 1 Teel. Weinstein oder Natur-Backpulver*
*Für die Form: ½ Teel. Butter*
*Für den Belag: 200 g Magerquark · 1 Eßl Honig · Saft von ½ Zitrone*
Bei 12 Stück pro Stück etwa: 510 kJ/120 kcal
7 g Eiweiß · 3 g Fett · 17 g Kohlenhydrate · 1 g Ballaststoffe · 110 mg Cholesterin

Vorbereitungszeit: etwa 30 Minuten
Backzeit: etwa 45 Minuten
Fertigstellung: etwa 10 Minuten

• Die Zucchini waschen, von Stiel- und Blütenansatz befreien und grob raspeln.
• Die Eier in Eigelb und Eiweiß trennen. Die Eiweiße steif schlagen. Die Eigelbe in einer Rührschüssel mit dem Wasser schaumig rühren.
• Den Honig zum Eigelbschaum geben und so lange weiterschlagen, bis die Schaummasse hellgelb ist.
• Den Backofen auf 170° vorheizen.
• Eine Springform von 28 cm Durchmesser ausfetten und mit Pergamentpapier auslegen.
• Das Kirschwasser oder den Kirschsaft, die Zucchiniraspel, das Weizenmehl und den Weinstein oder das Backpulver vorsichtig unter die Eigelbmasse mischen. Zum Schluß den Eischnee darunterheben.

- Den Teig in die vorbereitete Springform füllen und im heißen Backofen auf der unteren Schiene in etwa 45 Minuten goldbraun backen.
- Den Tortenboden auf ein Kuchengitter stürzen und auskühlen lassen.
- Für den Belag den Quark mit dem Honig und dem Zitronensaft schaumig rühren, in einen Spritzbeutel füllen und die erkaltete Zucchinitorte verzieren. Restliche Quarkcreme dazu servieren.

**Variante: Möhrentorte**
Anstelle der Zucchini 200 g feingeraspelte Möhren wie oben zum Teig geben.

Ganz einfach

## Kerniges Roggenbrot

*Zutaten für 1 Brot:*
*250 g Roggen, frisch gemahlen · 20 g frische Hefe · 75 ccm lauwarmes Wasser · 20 g Kürbiskerne · 20 g Leinsamen · 20 g Sesamsamen · 125 g Sauerteig (½ Rezept Seite 89) · ½ Eßl. Salz*
Bei 10 Scheiben pro Scheibe etwa:
540 kJ/130 kcal
6 g Eiweiß · 4 g Fett · 20 g Kohlenhydrate · 4 g Ballaststoffe · 0 mg Cholesterin

Vorbereitungszeit: etwa 30 Minuten
Ruhezeit: etwa 2 Stunden
Backzeit: etwa 45 Minuten

- Das Roggenmehl in eine breite Schüssel geben. In die Mitte eine Mulde drücken und die Hefe hineinbröseln. Die Hefe mit etwas lauwarmen Wasser verrühren und den Vorteig zugedeckt 5–10 Minuten ruhen lassen.
- Inzwischen die Kürbiskerne halbieren und mit dem Leinsamen und dem Sesam in einer Pfanne ohne Fettzugabe goldgelb rösten.
- Sobald sich der Vorteig vergrößert hat, den Sauerteig, das restliche lauwarme Wasser, das Salz und die Samen hinzufügen und den Teig mit einem Rührgerät oder einem Kochlöffel so lange kneten, bis er sich vom Schüsselrand löst und Blasen wirft.
- Den Teig zugedeckt bei Zimmertemperatur etwa 2 Stunden ruhen lassen.
- Nachdem sich das Volumen des Brotteiges verdoppelt hat, den Teig aus der Schüssel nehmen und zu einem Laib formen. Nochmals kurz ruhen lassen.
- Den Backofen auf 200° vorheizen. Ein Backblech leicht bemehlen.
- Das Brot auf das Blech setzen und im heißen Ofen auf der mittleren Schiene in etwa 45 Minuten goldbraun backen.

Preiswert · Ganz einfach

## Partybrötchen

Diese kleinen Brötchen sehen besonders hübsch aus. Sie können auch 2 Stück davon essen, die restlichen lassen sich gut einfrieren. Es bleibt Ihrer Phantasie überlassen, wie Sie den Brötchenteig formen.

*Zutaten für 20 Brötchen:*
*600 g Weizen, frisch gemahlen · 30 g frische Hefe · 350 ccm lauwarmes Wasser · 1 Eßl. Sonnenblumenöl · 1 ½ Teel. Salz*
*Zum Bestreuen nach Belieben: Mohn, Sesamsamen, Kümmel*
Pro Stück etwa: 420 kJ/100 kcal
4 g Eiweiß · 2 g Fett · 18 g Kohlenhydrate · 1 g Ballaststoffe · 0 mg Cholesterin

Vorbereitungszeit: etwa 30 Minuten
Ruhezeit: etwa 1 Stunde
Backzeit: 15–20 Minuten

- Das Weizenmehl in eine breite Schüssel geben. In die Mitte eine Mulde drücken. Die zerbröselte Hefe und etwas lauwarmes Wasser hineingeben und mit einer Gabel verrühren. Den Vorteig mit etwas Mehl bestäuben und zugedeckt an einem warmen Platz etwa 10 Minuten gehen lassen.
- Nachdem sich der Vorteig vergrößert hat, das zurückbehaltene lauwarme Wasser, das Öl und das Salz hinzufügen und den Hefeteig mit einem Kochlöffel oder Rührgerät so lange schlagen, bis er sich vom Schüsselrand löst und Blasen wirft. Den Brötchenteig zudecken und bei Zimmertemperatur etwa 1 Stunde gehen lassen.
- Den Teig aus der Schüssel nehmen, in 20 Portionen teilen und jeweils ein Brötchen formen.
- Den Backofen auf 170° vorheizen. Ein Backblech leicht bemehlen.
- Die Brötchen nach Belieben zuerst in Wasser, dann in Mohn, Sesam oder Kümmel tauchen, auf das Blech setzen und auf der mittleren Schiene des heißen Ofens in 15–20 Minuten goldbraun backen.

**Tip:** Damit Sie einen sehr geschmeidigen, kurzfasrigen Teig erhalten, kneten Sie ihn während der Ruhezeit einmal gut durch.

**Variante: Buttermilchbrötchen**
Nehmen Sie anstelle von 350 ccm nur 100 ccm Wasser und dazu ¼ l Buttermilch.
Pro Stück etwa: 440 kJ/105 kcal
5 g Eiweiß · 2 g Fett · 19 g Kohlenhydrate · 1 g Ballaststoffe · 1 mg Cholesterin

Braucht etwas Zeit

## Fünfkornbrötchen

*Zutaten für 16 Brötchen:*
*100 g Fünfkorngetreide (Hafer, Roggen, Weizen, Dinkel, Buchweizen) · 350 g Weizen, frisch gemahlen · 1 Würfel frische Hefe (42 g) · 150 ccm Wasser · 250 g Sauerteig (Rezept Seite 89) · Kümmel · 20 g Salz*
Pro Stück etwa: 470 kJ/110 kcal
5 g Eiweiß · 1 g Fett · 22 g Kohlenhydrate · 2 g Ballaststoffe · 0 mg Cholesterin

Quellzeit: 12 Stunden (über Nacht)
Vorbereitungszeit: etwa 30 Minuten
Ruhezeit: etwa 1 Stunde und 45 Minuten
Backzeit: etwa 45 Minuten

- Die Getreidekörner über Nacht in Wasser (bedeckt) einweichen und zugedeckt quellen lassen.
- Das Weizenmehl in eine breite Schüssel geben. In die Mitte ein Mulde drücken und die Hefe hineinbröseln. Etwas lauwarmes Wasser hinzugießen und mit einer Gabel verrühren. Den Vorteig zugedeckt an einem warmen Platz etwa 15 Minuten ruhen lassen.
- Anschließend den Sauerteig, das übrige lauwarme Wasser, die abgetropften Getreidekörner, etwas Kümmel und das Salz hinzufügen und den Teig so lange kneten, bis er sich vom Schüsselrand löst und Blasen wirft.
- Den Brötchenteig zudecken und an einem warmen Platz etwa 1 ½ Stunden gehen lassen, bis er sich verdoppelt hat.
- Den Backofen auf 200° vorheizen. Ein Backblech mit Mehl bestäuben.
- Den Teig in 16 Portionen teilen und zu Brötchen formen. Die Brötchen einzeln oder zu zwei Kränzen von je 8 Brötchen zusammengefaßt auf das Blech (oder auf 2 Backbleche) setzen.

• Die Fünfkornbrötchen im heißen Ofen auf der mittleren Schiene in etwa 15 Minuten goldbraun backen.

**Tip:** Die Brötchen lassen sich wie alle anderen gut einfrieren.

Ganz einfach

## Sojabrötchen

*Zutaten für 10 Brötchen:*
*200 g Weizen, frisch gemahlen · 100 g Sojamehl, halbfett · 20 g frische Hefe · etwa 150 ccm lauwarmes Wasser · 2 Teel. Sonnenblumenöl · 1 Teel. Salz*
Pro Stück etwa: 440 kJ/100 kcal
7 g Eiweiß · 2 g Fett · 15 g Kohlenhydrate · 2 g Ballaststoffe · 0 mg Cholesterin

Vorbereitungszeit: etwa 30 Minuten
Ruhezeit: etwa 55 Minuten
Backzeit: 15–20 Minuten

• Das Weizenmehl und das Sojamehl in einer breiten Schüssel mischen. In die Mitte eine Mulde drücken. Die Hefe hineinbröseln, etwas lauwarmes Wasser hinzufügen und mit einer Gabel verrühren. Den Vorteig mit Mehl bestreuen und zugedeckt an einem warmen Platz 10 Minuten gehen lassen.
• Das übrige lauwarme Wasser, das Öl und das Salz zum Vorteig geben. Alles mit dem Rührgerät oder Kochlöffel so lange verkneten, bis sich ein geschmeidiger Teig vom Schüsselrand löst und Blasen wirft.
• Den Brötchenteig zudecken und an einem warmen Platz etwa 45 Minuten ruhen lassen.
• Den Backofen auf 200° vorheizen. Ein Backblech leicht bemehlen.
• Aus dem Teig 10 Brötchen formen, auf das vorbereitete Backblech setzen, mit Wasser bestreichen und im heißen Ofen auf der mittleren Schiene in 15–20 Minuten knusprig braun backen.

**Tip:** Wollen Sie die Brötchen mit Mohn oder Sesam bestreuen, tauchen Sie diese zuerst in Wasser und anschließend in den Samen. So bleibt der Belag gut haften.

Kann vorbereitet werden

## Dinkelfladen

*25 g Dinkel, frisch feingemahlen · 1 Prise Salz · 1 Messerspitze Koriander · 2 Eßl. lauwarmes Wasser · ½ Teel. Sonnenblumenöl*
*Zum Backen: ½ Teel. Sonnenblumenöl*
Etwa: 520 kJ/120 kcal
3 g Eiweiß · 6 g Fett · 16 g Kohlenhydrate · 3 g Ballaststoffe · 0 mg Cholesterin

Zubereitungszeit: etwa 10 Minuten
Ruhezeit: etwa 20 Minuten

• Das Dinkelmehl auf eine Arbeitsfläche geben. In die Mitte eine Mulde drücken, das Salz, den Koriander, das Wasser und das Sonnenblumenöl hineingeben und alles rasch zu einem glatten Teig verkneten.
• Den Teig etwa 20 Minuten zugedeckt ruhen lassen.
• Eine beschichtete Pfanne mit dem Sonnenblumenöl auspinseln. Den Teig sehr dünn ausrollen und in der Pfanne bei schwacher Hitze von beiden Seiten mehr trocknen als backen.
• Der Dinkelfladen schmeckt warm oder kalt.

Schnell · Preiswert

## Buttermilchkuchen

*Zutaten für 1 Kastenform von 30 cm Länge:*
*150 g Butter · 3 Eier (Gewichtsklasse 4) · 60 g Honig · 1 Prise Salz · ½ Teel. Kakaopulver, stark entölt · 1 Messerspitze Zimtpulver · 100 ccm Buttermilch · 180 g Weizen, frisch gemahlen · ½ Päckchen Weinstein oder Natur-Backpulver*
*Für die Form: 1 Teel. Butter*
Bei 18 Stück pro Stück etwa: 510 kJ/120 kcal
3 g Eiweiß · 9 g Fett · 9 g Kohlenhydrate ·
1 g Ballaststoffe · 73 mg Cholesterin

Vorbereitungszeit: etwa 15 Minuten
Backzeit: etwa 50 Minuten

- Die Butter schaumig rühren.
- Die Eier in Eiweiß und Eigelb trennen. Die Eigelbe und den Honig zur Butter geben und alles zu einer hellen cremigen Masse rühren.
- Den Backofen auf 170° vorheizen. Eine rechteckige Kuchenform (Kastenform) leicht ausfetten und mit Pergamentpapier auslegen.
- Unter die Butter-Eier-Masse das Salz, das Kakaopulver den Zimt und die Buttermilch rühren.
- Das Weizenmehl mit dem Weinstein oder dem Backpulver vermischen und unter den Teig rühren.
- Die Eiweiße steif schlagen und den Eischnee zum Schluß vorsichtig unter den Buttermilchteig heben.
- Den Teig in die Form füllen und den Buttermilchkuchen im heißen Ofen auf der unteren Schiene in etwa 50 Minuten goldbraun backen.
- Mit einem Holzstäbchen die Garprobe machen. Wenn sich das Stäbchen trocken anfühlt, ist der Kuchen fertig. Den Buttermilchkuchen auf ein Gitter stürzen, das Pergamentpapier abziehen und den Kuchen auskühlen lassen.

Kann vorbereitet werden

## Erdbeerkuchen mit Guß

Ein sommerlicher Kuchen, der für die ganze Familie oder für Kaffeegäste reicht. Sie können aber auch den Teig in kleinen Förmchen backen und übrige Törtchen ungefüllt einfrieren.

*Zutaten für 1 Obstkuchenform von 30 cm ∅:*
*200 g Dinkel, fein gemahlen · 1 Ei (Gewichtsklasse 4) · 20 g Honig · 1 Prise Salz · abgeriebene Schale von ½ unbehandelten Zitrone · 60 g kalte Butter*
*Für den Belag: 500 g Erdbeeren*
*Für den Guß: ¼ l Wasser · 1 Teel. Honig · Saft von ½ Zitrone · 1 Päckchen Tortenguß (aus Pektin)*
*Für die Form: 1 Teel. Butter*
Bei 10 Stück pro Stück etwa 610 kJ/150 kcal
4 g Eiweiß · 7 g Fett · 18 g Kohlenhydrate ·
3 g Ballaststoffe · 47 mg Cholesterin

Vorbereitungszeit: etwa 25 Minuten
Backzeit: etwa 20 Minuten
Fertigstellung: etwa 20 Minuten

- Das Dinkelmehl auf eine Arbeitsfläche schütten. In die Mitte eine Mulde drücken. Das Ei, den Honig, das Salz, die abgeriebene Zitronenschale und die kalte Butter in Flöckchen hinzufügen und alles schnell zu einem glatten Teig verarbeiten. Den Teig etwa 10 Minuten zugedeckt kühl stellen.
- Den Backofen auf 170° vorheizen.
- Eine Obstkuchenform oder eine flache runde Form von 30 cm Durchmesser leicht ausfetten.
- Den Teig messerrückendick ausrollen und die Kuchenform damit auslegen. Den Boden mit einer Gabel mehrmals einstechen, dann im heißen Ofen auf der mittleren Schiene in etwa 20 Minuten goldbraun backen.

• Währenddessen die Erdbeeren putzen, waschen, trockentupfen und von den Stielen zupfen. Die Erdbeeren halbieren.
• Den Kuchenboden aus der Form stürzen und auf einem Kuchengitter auskühlen lassen.
• Auf den ausgekühlten Kuchenboden die Erdbeeren verteilen.
• Für den Guß 2 Eßlöffel Wasser mit dem Honig, dem Zitronensaft und dem Tortenguß anrühren. Das übrige Wasser zum Kochen bringen. Den vorbereiteten Guß einlaufen und unter Rühren kurz aufwallen lassen.
• Den Guß etwas abkühlen lassen und von der Mitte aus eßlöffelweise über dem Erdbeerkuchen verteilen. Den Kuchen im Kühlschrank kalt stellen, bis der Guß erstarrt ist. Er sollte frisch gegessen werden.

**Variante: Obstkuchen**
Anstelle der Erdbeeren können Sie den Kuchen auch mit Kiwischeiben, Mandarinen- oder Pfirsichschnitzen belegen.

Braucht etwas Zeit · Läßt sich gut einfrieren

## Apfelstrudel

Achten Sie bitte darauf, daß alle Zutaten für den Teig die gleiche Temperatur haben.

*Zutaten für 2 Strudel:*
*250 g Weizen oder Dinkel, frisch gemahlen · 1 Eßl. Wasser · 1 Ei (Gewichtsklasse 4) · 3 Eßl. geschmacksneutrales Öl*
*Für die Füllung: 1 kg Äpfel (Boskop) · 100 g ungeschwefelte Sultaninen · 1 Messerspitze Zimtpulver · 30 g Volkornbrösel*
*Für die Form: ½ Teel. Öl*
*Zum Backen: 2 Teel. Butter · ⅛ l Milch mit 1,5% Fett · 1 Teel. Honig*

Bei 10 Portionen pro Portion etwa:
930 kJ/220 kcal
5 g Eiweiß · 7 g Fett · 36 g Kohlenhydrate · 5 g Ballaststoffe · 35 mg Cholesterin

Vorbereitungszeit: etwa 40 Minuten
Backzeit: etwa 45 Minuten

• Für den Teig das Weizen- oder Dinkelmehl auf eine Arbeitsfläche schütten und in die Mitte eine Mulde drücken. Das Wasser, das Ei und das Öl in die Mulde geben und alles zu einem glatten Teig verarbeiten. Den Teig so lange weiterkneten, bis er eine feine Konsistenz hat.
• Eine Schüssel über Wasserdampf anwärmen.
• Den Teig halbieren, beide Teile zu Kugeln formen und mit wenig Öl bepinseln. Die erwärmte Schüssel darüber stülpen und den Strudelteig 20 Minuten ruhen lassen.
• Inzwischen für die Füllung die Äpfel waschen, schälen, vom Kernhaus befreien und in feine Spalten schneiden. Die Sultaninen gut waschen, zusammen mit den Apfelschnitzen und dem Zimt in einer Schüssel mischen und einige Minuten durchziehen lassen.
• Den Backofen auf 200° vorheizen.
• Die Teigkugeln nacheinander sehr dünn ausrollen und auf ein sauberes Geschirrtuch legen. Jede Teigplatte noch so dünn wie möglich mit den Händen »ausziehen«. Mit der Hälfte der Brösel und der Füllung belegen. Jeden Strudel an den Seiten einschlagen und von einer langen Seite her durch Anheben des Küchentuches aufrollen.
• Eine Bratenpfanne mit wenig Öl auspinseln und die Strudel nebeneinander hineinlegen.
• Die Strudel auf die mittlere Schiene in den Ofen schieben und etwa 10 Minuten backen.
• Die Butter erwärmen, mit der Milch und dem Honig verquirlen, über die Strudel gießen und weitere 35 Minuten backen, bis sich die Strudel goldbraun färben.

**Tip:** Was von den Apfelstrudeln übrig bleibt, sollten Sie portionsweise einfrieren, denn Apfelstrudel schmeckt auch kalt sehr gut.

Läßt sich gut einfrieren

## Apfelhörnchen

*Zutaten für 10 Hörnchen:*
*Für den Teig: 70 g Butter · 1 Prise Salz · 1 Ei (Gewichtsklasse 4) · 100 g Magerquark · 2 Eßl. Honig · 200 g Weizen, frisch gemahlen · ½ Päckchen Weinstein oder Natur-Backpulver*
*Für die Füllung: 200 g Äpfel · 1 Eßl. ungeschwefelte Rosinen · ½ Teel. Zimtpulver · abgeriebene Schale von ½ unbehandelten Zitrone*
Pro Stück etwa: 640 kJ/150 kcal
5 g Eiweiß · 7 g Fett · 18 g Kohlenhydrate · 2 g Ballaststoffe · 48 mg Cholesterin

Vorbereitungszeit: etwa 35 Minuten
Ruhezeit: etwa 20 Minuten
Backzeit: 15–20 Minuten

- Für den Teig die Butter mit einem Rührgerät cremig rühren. Das Salz, das Ei, den Quark und den Honig hinzufügen und dann alles gut vermengen.
- Das Mehl mit dem Weinstein oder Backpulver mischen. Die Hälfte unter den Teig rühren. Das restliche Mehl auf eine Arbeitsfläche schütten. Die vorbereitete Masse daraufgeben und alles rasch zu einem glatten Teig verkneten. Den Teig etwa 20 Minuten zugedeckt kühl stellen.
- Währenddessen für die Füllung die Äpfel waschen, schälen, vom Kernhaus befreien und in dünne Schnitze schneiden. Die Rosinen waschen und trockentupfen. Mit dem Zimt, der Zitronenschale und den Apfelschnitzen mischen und 5–10 Minuten durchziehen lassen.
- Den Backofen auf 180° vorheizen. Ein Backblech leicht mit Mehl bestäuben.
- Den Teig messerrückendick zu einem großen Kreis ausrollen und in 10 Segmente teilen.

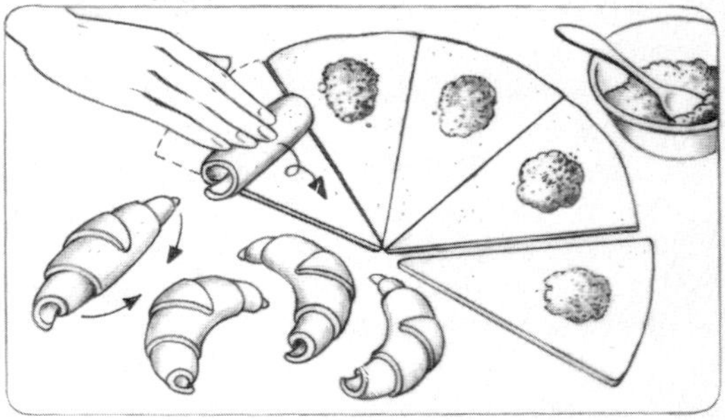

So lassen sich Hörnchen aus den Segmenten der Teigplatte besonders rasch füllen und aufrollen. Die Spitzen werden leicht rund gebogen.

- Jeweils 1 Eßlöffel Füllung auf jedes Segment geben, zu einem Hörnchen aufrollen und auf das vorbereitete Blech setzen. Die Apfelhörnchen im heißen Ofen auf der mittleren Schiene in 15–20 Minuten knusprig backen.

Braucht etwas Zeit · Kann vorbereitet werden

## Gefüllte Windbeutel

Bild Umschlag-Rückseite

Wenn nicht die Familie oder Gäste mitessen, bereiten Sie nur 1 Portion Füllung zu und frieren die restlichen Windbeutel ungefüllt ein.

*Zutaten für 6 Windbeutel:*
*Für den Teig: ⅛ l Wasser · 1 Prise Salz · 4 Teel. Butter · 75 g Weizen, frisch gemahlen · 2 Eier (Gewichtsklasse 4) · 1 Teel. Weinstein oder Natur-Backpulver*

*Für die Füllung: 500 g Magerquark · 2 Eßl. Mineralwasser · 1 Eßl. Honig · Saft von 1 Zitrone · 200 g Mandarinen*
*Füllung für 1 Windbeutel: 3 Eßl. Magerquark · 1 Teel. Mineralwasser · ½ Teel. Honig · etwa 1 Teel. Zitronensaft, frisch gepreßt · 35 g Mandarine*
Pro Stück etwa: 740 kJ/180 kcal
15 g Eiweiß · 6 g Fett · 17 g Kohlenhydrate · 1 g Ballaststoffe · 110 mg Cholesterin

Vorbereitungszeit: 35–40 Minuten
Backzeit: etwa 15 Minuten
Fertigstellung: etwa 15 Minuten

- Das Wasser mit dem Salz und der Butter in einem flachen Topf zum Kochen bringen.
- Das Weizenmehl auf einmal hineinschütten und mit einem Kochlöffel so lange rühren, bis sich ein glatter Kloß bildet und am Topfboden ein weißes Häutchen sichtbar ist.
- Den Teig aus dem Topf nehmen und in einer Schüssel auskühlen lassen.
- Mit einem Rührgerät nacheinander die Eier darunterrühren. Zum Schluß den Weinstein oder das Backpulver gründlich daruntermischen.
- Den Backofen auf 170° vorheizen. Ein Backblech mit Backpapier auslegen.
- Den Teig in einen Spritzbeutel füllen, 6 Windbeutel auf das Backblech spritzen und im heißen Ofen auf der mittleren Schiene in etwa 15 Minuten goldbraun backen.
- Die Kappen abschneiden und die Windbeutel auf einem Gitter auskühlen lassen.
- Für die Füllung den Quark mit dem Mineralwasser schaumig schlagen und mit dem Honig sowie dem Zitronensaft abschmecken.
- Die Mandarinen schälen, von der weißen Haut gründlich befreien und in Spalten teilen.
- Die Quarkmasse in die Windbeutel füllen, mit den Mandarinenstücken belegen und die Kappen aufsetzen.

Läßt sich gut einfrieren

## Hefezopf

*Zutaten für 1 Zopf:*
*500 g Weizenmehl, fein gemahlen · 200 ccm Milch mit 1,5% Fett · 30 g frische Hefe · 60 g Honig · 75 g Butter · 1 Ei (Gewichtsklasse 4) · 1 Prise Salz*
Bei 15 Scheiben pro Scheibe etwa:
690 kJ/160 kcal
5 g Eiweiß · 6 g Fett · 24 g Kohlenhydrate · 4 g Ballaststoffe · 34 mg Cholesterin

Vorbereitungszeit: etwa 20 Minuten
Ruhezeit: etwa 50 Minuten
Backzeit: etwa 45 Minuten

- Das Weizenmehl in eine Schüssel geben. Die Milch in einem kleinen Topf erwärmen.
- In die Mitte des Mehls eine Mulde drücken, die zerbröselte Hefe und die Hälfte des Honigs hineingeben und mit einem Teil der Milch anrühren. Den Vorteig mit wenig Mehl bestäuben und zugedeckt an einem warmen Platz etwa 10 Minuten gehen lassen.
- Inzwischen die Butter in einem Topf schmelzen lassen.
- Die restliche lauwarme Milch, den restlichen Honig, die flüssige Butter, das Ei und das Salz zum Vorteig geben. Alle Zutaten mit dem Vorteig so lange verkneten, bis der Teig eine feine Konsistenz hat und sich von der Rührschüssel löst.
- Anschließend den Hefeteig etwa 40 Minuten gehen lassen, bis er sein Volumen verdoppelt hat. Ein Backblech leicht bemehlen.
- Den Hefeteig in 3 Stücke teilen. Jedes Stück zu einem Strang von etwa 15 cm Länge formen und daraus einen Zopf flechten.
- Den Hefezopf auf das vorbereitete Blech legen, in den kalten Backofen auf die untere

Schiene schieben und bei 170° etwa 45 Minuten backen. Wenn sich der Zopf beim Beklopfen hohl anhört, ist er fertig.

**Tip:** Damit das Flechten des Zopfes leicht gelingt, flechten Sie zuerst von der Mitte bis zum Ende, drehen den Zopf um 180°, kippen ihn um und flechten die andere Seite fertig.

**Variante: Rohrnudeln**
Bereiten Sie aus den Zutaten wie beim Zopf einen Hefeteig. Behalten Sie dabei etwa 1 Teelöffel Butter zurück. Teilen Sie den Teig nach der Ruhezeit in 15 Stücke. Formen Sie gleichmäßige Kugeln. Fetten Sie eine hohe Backform mit der zurückbehaltenen Butter und setzen Sie die Kugeln nebeneinander hinein. Die Rohrnudeln werden ebenfalls in den kalten Backofen auf die untere Schiene geschoben und bei 180° etwa 45 Minuten gebacken, bis sie goldbraun sind.

Preiswert

## Feine Dukatennudeln

*Zutaten für 20 Stück:*
*500 g Weizen, frisch gemahlen · 30 g frische Hefe · 40 g Honig · 200 ccm lauwarme Milch mit 1,5% Fett · 60 g Butter · 1 Ei (Gewichtsklasse 4) · 1 Prise Salz · 30 g Sonnenblumenkerne*
*Zum Backen: 4 Teel. Butter · ¼ l Milch mit 1,5% Fett*
Pro Stück etwa: 580 kJ/140 kcal
5 g Eiweiß · 6 g Fett · 18 g Kohlenhydrate · 1 g Ballaststoffe · 26 mg Cholesterin

Vorbereitungszeit: etwa 30 Minuten
Ruhezeit: etwa 1 Stunde und 20 Minuten
Backzeit: 30–40 Minuten

- Das Mehl in eine breite Schüssel geben. In die Mitte eine Mulde drücken. Die zerbröselte Hefe, 1 Teelöffel Honig und etwas lauwarme Milch in die Mulde geben und verrühren. Den Vorteig zugedeckt an einem warmen Platz 5–10 Minuten ruhen lassen.
- Inzwischen die Butter in einem kleinen Topf schmelzen.
- Sobald sich der Vorteig vergrößert hat, seitlich die zurückbehaltene lauwarme Milch, die flüssige Butter, den restlichen Honig, das Ei und das Salz hinzufügen und mit einem Rührgerät oder Kochlöffel so lange schlagen, bis sich der Hefeteig vom Schüsselrand löst und Blasen wirft.
- Den Teig zudecken und bei Zimmertemperatur etwa 1 ¼ Stunde gehen lassen, bis sich das Volumen verdoppelt hat.
- Den Teig aus der Schüssel nehmen, in 20 Portionen teilen und zu kleinen Kugeln formen. Nochmals gehen lassen.
- Den Backofen auf 170° vorheizen.
- Eine hohe rechteckige Backform oder eine Bratenpfanne mit der Butter bestreichen. Die Dukatennudeln in die Form setzen, mit den Sonnenblumenkernen bestreuen und im heißen Ofen auf der mittleren Schiene in 30–40 Minuten goldbraun backen. Die Dukatennudeln während der Backzeit mit der Milch begießen.
- Die Dukatennudeln sind fertig, wenn sie sich beim Beklopfen hohl anhören.

**Tip:** Wie andere Hefegebäcke lassen sich auch die Dukatennudeln sehr gut einfrieren.

# Kleine Vollwert-Warenkunde

Die meisten der in diesem Kochbuch verwendeten Zutaten kennen Sie und können Sie überall kaufen. Zu einigen in der Vollwertküche besonders bevorzugten Nahrungsmitteln beziehungsweise weniger geläufigen Produkten (die vor allem in Reformhäusern oder Naturkostläden angeboten werden) finden Sie hier Wissenswertes in alphabetischer Reihenfolge.

**Apfelkraut oder Birnen-Apfel-Kraut:** Ein köstlicher Brotaufstrich, der ohne Zucker aus Äpfeln und Birnen hergestellt wird.
100 g enthalten: 1040 kJ/245 kcal
1 g Eiweiß · 1 g Fett · 68 g Kohlenhydrate · 5,5 g Ballaststoffe · 0 mg Cholesterin

**Buchweizen:** ist ein Knöterichgewächs, also botanisch kein Getreide. Wegen seines ähnlichen Aufbaus und seiner gleichen Back- und Kocheigenschaften wird er jedoch in der Küche zu den Getreidesorten gezählt. Buchweizen läßt sich sehr gut verarbeiten und schmeckt hervorragend, deshalb wird er in der Vollwertküche besonders gern verwendet.
100 g enthalten: 1421 kJ/349 kcal
10 g Eiweiß · 1,7 g Fett · 71,3 g Kohlenhydrate · 3,7 g Ballaststoffe · 0 mg Cholesterin

**Butter:** sollte in der Vollwerternährung gegenüber Margarine bevorzugt werden. Wegen des hohen Nährwertgehalts sollten Sie aber auch Butter sparsam verwenden.
100 g enthalten: 3156 kJ/754 kcal
0,7 g Eiweiß · 83,2 g Fett · 0,7 g Kohlenhydrate · 20 g Ballaststoffe · 240 mg Cholesterin

**Dinkel:** ist die Urform des Weizens. Er ergibt ein besonders feines Mehl und eignet sich gut zum Backen und Kochen. Im Geschmack ist Dinkel herzhafter als Weizen.
100 g enthalten: 1340 kJ/320 kcal
11,6 g Eiweiß · 2,7 g Fett · 62,4 g Kohlenhydrate · 8,8 g Ballaststoffe · 0 mg Cholesterin

**Gelatine:** ist nicht kalorienfrei (100 g 1412 kJ/338 kcal, 84,2 g Eiweiß). Wer Suppen, Saucen, Gemüse oder Süßspeisen kalorienarm binden will, kann auf Biobin oder Nestargel ausweichen, die beide aus Johannisbrotkernmehl bestehen.

**Gemüsebrühwürfel:** gibt es im Reformhaus oder Naturkostladen zu kaufen. Sie sind ein guter Ersatz, falls Sie keine frische Gemüsebrühe zur Verfügung haben. Diese Brühwürfel enthalten wenig Fett und geben vielen Gerichten ein feines Aroma.
1 l Gemüsebrühe aus Würfeln enthält: 227 kJ/64 kcal
4,6 g Eiweiß · 5,1 g Fett · 0 g Kohlenhydrate

**Gerste:** ist reich an Kieselsäure, Vitamin B 1 und E. Bei der Verarbeitung von Gerste benötigen Sie mehr Flüssigkeit als bei den anderen Getreidearten, da Gerstenkörner stark quellen. Deshalb gut geeignet für Salate oder Bratlinge.
100 g enthalten: 1292 kJ/292 kcal
10,6 g Eiweiß · 2,1 g Fett · 57,7 g Kohlenhydrate · 9,8 g Ballaststoffe · 0 mg Cholesterin

**Grünkern:** ist in der Milchreife geernteter Dinkel. Durch das Darren (Rösten) erhält der Grünkern seinen pikanten Geschmack. Am besten eignet er sich zur Zubereitung von Suppen, Aufläufen und Bratlingen.
100 g enthalten: 1340 kJ/320 kcal
11,6 g Eiweiß · 2,7 g Fett · 62,4 g Kohlenhydrate · 8,8 g Ballaststoffe · 0 mg Cholesterin

**Hafer:** enthält wenig Stärke, dafür viel Fett. Er verbindet sich beim Backen gut mit anderen Getreidearten und lockert das Gebäck.
100 g enthalten: 1502 kJ/359 kcal
12,6 g Eiweiß · 7,1 g Fett · 61,2 g Kohlenhydrate · 5,6 g Ballaststoffe · 0 mg Cholesterin

# Kleine Vollwert-Warenkunde

**Hirse:** ist sehr mineralstoff- und kieselsäurereich. Hirsekörner werden zu Aufläufen und Beilagen verwendet. Hirsemehl können Sie zu Klößen und in Verbindung mit anderen Getreidearten zu Brot und Backwaren verarbeiten.
100 g enthalten: 1478 kJ/354 kcal
10,6 g Eiweiß · 3,9 g Fett · 69 g Kohlenhydrate · 4 g Ballaststoffe · 0 mg Cholesterin

**Honig:** muß gut gelagert sein und einer ständigen Kontrolle auf Schadstoffe unterliegen. In der kalorienreduzierten Kost sollten Sie möglichst selten mit Honig süßen. Auch bleibt der Eigengeschmack von Obst und Säften in Müslis und Mixgetränken ohne zusätzliches Süßungsmittel besser erhalten.
100 g enthalten: 1361 kJ/325 kcal
0,3 g Eiweiß · 0 g Fett · 81 g Kohlenhydrate · 0 g Ballaststoffe · 0 mg Cholesterin

**Joghurt:** Kaufen Sie Joghurt mit rechtsdrehender Milchsäure (nur sie wird vom Körper vollständig verwertet). Je milder der Joghurt schmeckt, um so mehr Kulturen rechtsdrehender Milchsäure sind darin vorhanden.
100 g enthalten bei 1,5% Fett: 182 kJ/44 kcal
3,4 g Eiweiß · 1,5 g Fett · 4,1 g Kohlenhydrate · 0 g Ballaststoffe · 5 mg Cholesterin

**Mais:** wird als grober Maisgrieß (Kukuruz), feiner Maisgrieß (Polenta) oder als Maismehl angeboten. In Haushaltsgetreidemühlen können Maiskörner häufig nicht gemahlen werden.
100 g enthalten: 1392 kJ/333 kcal
9,2 g Eiweiß · 3,8 g Fett · 65,2 g Kohlenhydrate · 9,2 g Ballaststoffe · 0 mg Cholesterin

**Quark:** enthält viel Eiweiß, wenig Fett und eignet sich hervorragend zur Zubereitung von Aufläufen, Kuchen und Müslis.
100 g enthalten bei 20% Fett: 458 kJ/110 kcal
12,5 g Eiweiß · 5,1 g Fett · 3,4 g Kohlenhydrate · 0 g Ballaststoffe · 17 mg Cholesterin

**Reis:** wird als brauner Reis (Vollreis, Naturreis) oder als weißer (polierter) Reis angeboten. Bei einer ausgewogenen Ernährung sollten Sie den sogenannten braunen Reis bevorzugen, da dieser mit dem Keimling, dem Silberhäutchen und der Samenschale (die beim weißen Reis entfernt wurden) wertvolle Vitamine, Mineralien und Ballaststoffe bietet. Brauner Reis schmeckt zudem herzhafter und körniger.
100 g enthalten: 1455 kJ/348 g kcal
7,4 g Eiweiß · 2,2 g Fett · 74,6 g Kohlenhydrate · 4 g Ballaststoffe · 0 mg Cholesterin

**Roggen:** ist das geschmacksintensivste Getreide. Er wird hauptsächlich zum Brotbacken verwendet. Roggen enthält neben den wichtigen Ballaststoffen viele Mineralstoffe und Spurenelemente.
100 g enthalten: 1104 kJ/264 kcal
8,7 g Eiweiß · 1,7 g Fett · 53,5 g Kohlenhydrate · 13,2 g Ballaststoffe · 0 mg Cholesterin

**Sojabohnen:** Gelbe Sojabohnen sind die Grundlage zur Herstellung von Sojamilch und Tofu (Sojakäse). Diese spielen eine wichtige Rolle in der Reduktionskost. Außerdem werden sie zu Mehl (vollfett oder entfettet) verarbeitet. Aus grünen Sojabohnen (Mungobohnen) können Sie Sprossen ankeimen. Sojabohnen enthalten hochwertige Aminosäuren (Eiweißbestandteile) und kein Cholesterin. Als Fleischersatz sind sie unentbehrlich.
100 g enthalten: 1894 kJ/453 kcal
36,8 g Eiweiß · 23,5 g Fett · 23,5 g Kohlenhydrate · 11,9 g Ballaststoffe · 0 mg Cholesterin

**Sojamilch:** ist ein guter Kuhmilchersatz, zum Beispiel für Milchmixgetränke.
100 g enthalten: 151 kJ/36 kcal
3,4 g Eiweiß · 1,5 g Fett · 2,2 g Kohlenhydrate · 0 g Ballaststoffe · 0 mg Cholesterin

# Kleine Vollwert-Warenkunde

**Sprossen:** Aus Samen, Getreidekörnern und Hülsenfrüchten können Sie ganz leicht selbst Sprossen ankeimen. Durch den Keimvorgang vervielfachen sich die enthaltenen Vitamine und Mineralstoffe und der Fettgehalt reduziert sich.
100 g Sojasprossen enthalten: 104 kJ/26 kcal
3,8 g Eiweiß · 0,5 g Fett · 0 g Kohlenhydrate · 0 mg Cholesterin

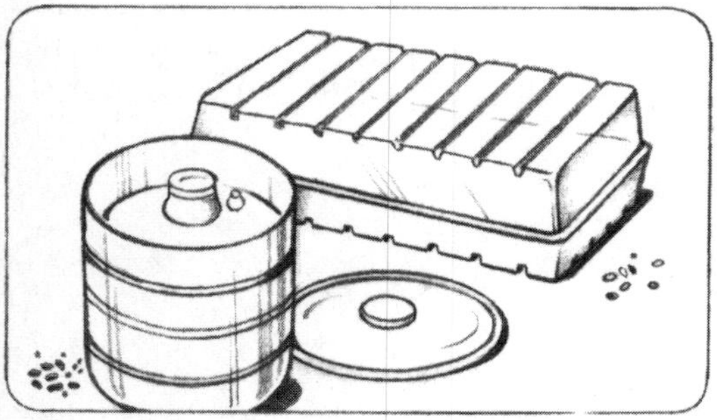

Der Handel bietet die verschiedensten Keimgefäße für die Anzucht von Sprossen. In manchen können Sie mehrere Sorten gleichzeitig ankeimen.

**Tofu (Sojakäse):** ist sehr eiweißreich, dagegen fett- und kalorienarm. Er wird durch Zusatz des Gerinnungsstoffes Nigari (aus Meersalz) aus Sojamilch hergestellt. Tofu läßt sich hervorragend zu süßen und pikanten Aufläufen, Bratlingen, Eintöpfen und Schnitten verarbeiten.
100 g enthalten: 318 kJ/76 kcal
7 g Eiweiß · 4 g Fett · 3 g Kohlenhydrate · 0 g Ballaststoffe · 0 mg Cholesterin

**Trockenfrüchte:** nur ungeschwefelt verwenden. Trockenobst hat eine hohe Zuckerkonzentration und enthält nur wenige Vitamine. Bevorzugen Sie reifes frisches Obst.
100 g enthalten im Durchschnitt:
988 kJ/236 kcal
2,3 g Eiweiß · 0,6 g Fett · 55,4 g Kohlenhydrate · 9 g Ballaststoffe · 0 mg Cholesterin

**Vollkornreis- oder Getreidewaffeln:** finden Sie im Reformhaus oder Naturkostladen. Sie sind sehr sättigend und haben wenig Kalorien. Sie können die Waffeln pur oder mit Apfelkraut bestrichen als Frühstück oder Zwischenmahlzeit verzehren. Eine Waffel enthält nur 26 kcal.
100 g enthalten: 1567 kJ/373 kcal
7,4 g Eiweiß · 4,2 g Fett · 82,3 g Kohlenhydrate · 8,5 g Ballaststoffe · 0 mg Cholesterin

**Weinstein:** ist ein natürliches Triebmittel für Kuchen und Backwaren. Es gibt ihn in Naturkostläden und Reformhäusern.

**Weizen:** enthält einen hohen Anteil an Klebereiweiß und hat deshalb eine besonders gute Backfähigkeit. Weil er sehr neutral schmeckt, kann er zu vielen Gerichten verarbeitet werden.
100 g enthalten: 1274 kJ/304 kcal
11,4 g Eiweiß · 2 g Fett · 60,2 g Kohlenhydrate · 10,4 g Ballaststoffe · 0 mg Cholesterin

# Rezept- und Sachregister

*Kursiv* gesetzte Seitenzahlen verweisen auf Farbbilder.

# Rezept- und Sachregister

# Die Erfolgsbücher der Vollwertküche.

*Vollwertiges für Ernährungsbewußte, köstliche und gesunde Rezepte für jeden Tag.*
*Interessante, unkomplizierte Rezepte, die leicht gelingen, mit Zutaten, die überall zu bekommen sind.*

*Jeder Band mit 104 Seiten, 20–25 Farbfotos und vielen Zeichnungen. Paperback.*

*Das zeichnet die Reihe aus:*

- *Abwechslungsreiche Rezeptvielfalt durch Autoren, die seit Jahren anerkannte Experten sind.*
- *Neben traditionellen Themen wie »Aufläufe« oder »Rohkost« auch Trend-Themen wie »Soja« oder »Hülsenfrüchte« oder pfiffige Themen wie »Jugend kocht vollwertig«.*
- *Mit wichtigen Zusatzinformationen der verwendeten Zutaten, zur Vollwert-Ernährung oder zur Kochtechnik.*

*... und weitere Themenbücher dieser Reihe:*

- *Aufläufe • Gemüse*
- *Vorratshaltung • Rohkost*
- *Vollkornbrote • Soja, und ...*

GU GRÄFE UND UNZER

# Rezept- und Sachregister



## Bücher, die weiterhelfen


Das Alternative Branchenbuch. Informationen, 1500 Adressen. ALTOP Verlagsgesellschaft, München
Elmadfa/Aign/Fritzsche, GU Nährwert-Kompaß. Das Richtige essen – gesund bleiben. Gräfe und Unzer Verlag, München
Elmadfa (u. a.), Die große GU Nährwert-Tabelle. Kalorien-, Joule- und Nährstoffgehalte unserer Lebensmittel. Gräfe und Unzer Verlag, München
Klevers Kalorien-Joule-Kompaß. Richtig schlank werden und bleiben. Über 4000 Werte. Gräfe und Unzer Verlag, München
Schinharl, Köstliche Keime und feine Sprossen. Gräfe und Unzer Verlag, München


Zwei unkomplizierte kalorienarme Köstlichkeiten für alle, die gerne mal etwas Süßes mögen, sind das Erdbeergelee und die überbackene Grapefruit. Rezepte Seite 65 und 68. ▷